Forex Trading

Guía para Principiantes con las Mejores Estrategias, Herramientas, Tácticas y Psicología del Day Trading y Swing Trading. Obtén Beneficios a Corto Plazo con el Mercado de Divisas.

Por

David Reese

Tabla de Contenido

La información en las siguientes páginas se considera en general como una cuenta veraz y precisa de los hechos y, como tal, cualquier falta de atención, uso o mal uso de la información en cuestión por parte del lector rendirá cualquier acción resultante únicamente bajo su alcance. No hay escenarios en los que el editor o el autor original de este trabajo pueda ser considerado responsable de cualquier dificultad o daño que pueda ocurrir después de comprometerse con la información aquí descrita.

Además, la información en las siguientes páginas está destinada solo para fines informativos y, por lo tanto, debe considerarse universal. Como corresponde a su naturaleza, se presenta sin garantía de su validez prolongada o calidad provisional. Las marcas comerciales que se mencionan se realizan sin consentimiento por escrito y de ninguna manera pueden considerarse un respaldo del titular de la marca.

Introducción

Felicitaciones por descargar " FOREX TRADING 2019: Guía para Principiantes con las Mejores Estrategias, Herramientas, Tácticas y Psicología del Day Trading y Swing Trading. Obtén Beneficios a Corto Plazo con el Mercado de Divisas, y gracias por hacerlo.

La globalización y la tecnología han impactado al mundo de muchas maneras, y una de las cosas que se ha destacado en el comercio es el cambio de divisas. Muchas personas están interesadas en intercambiar las divisas, pero carecen de la información correcta requerida para tener éxito. Descargar este libro es el primer paso para comprender los diferentes aspectos del comercio. El primer paso no es solo lo más fácil en todo, sino que también es lo más esencial. Encontrará que la información en este libro puede ayudarlo a idear estrategias e identificar los estilos e indicadores necesarios para una experiencia comercial exitosa.

Con ese fin, los capítulos analizarán los principios básicos del comercio de divisas: una definición clara de forex, cómo funciona, los estilos y estrategias de negociación, las terminologías utilizadas en el mercado, los indicadores del mercado, las ventajas y desventajas de forex, y herramientas de comercio entre otras.

Hay muchos libros y fuentes sobre este tema en el mercado, ¡así que gracias de nuevo por elegir este! Se hicieron todos los esfuerzos para garantizar que contenga la mayor cantidad de información útil posible. Por favor, disfrutelo.

Capítulo 1: ¿Qué es Forex?

Forex se conoce comúnmente como divisas o FX, e involucra la compra y venta de diferentes monedas con el objetivo de obtener ganancias basadas en los cambios de su valor. El mercado de divisas es el mercado más grande del mundo; incluso más grande que el mercado de valores. Por lo tanto, atrae a muchos comerciantes. Hay una alta liquidez en el mercado de divisas, y como tal, esto atrae tanto a los operadores experimentados como a los principiantes. De hecho, el mercado de compraventa de divisas es tan grande que todos los mercados bursátiles del mundo no pueden igualar su capacidad. El mercado de divisas está descentralizado en todo el mundo; por lo tanto, todas las diferentes monedas en el mundo se negocian libremente.

El Mercado de Divisas o Mercado Forex

Actualmente, el mercado de divisas tiene un comercio aproximado de USD 5 billones cada día, y como tal, la liquidez supera a cualquier otro mercado en todo el mundo. Esto indica que cualquier persona puede comprar casi todas las monedas que quiera en los volúmenes que quiera, siempre que el mercado esté abierto. El mercado de divisas suele estar abierto las 24 horas todos los días durante 5 días a la semana, de lunes a viernes. El comercio inicia con la apertura del mercado de Australia, luego Asia y Europa y, finalmente, los Estados Unidos de América hasta el cierre. Durante el verano, el mercado de divisas se abre los domingos a las 9:00 pm GWM y cierra los viernes a las 9:00 p.m. GWM. Sin embargo, durante el invierno, el mercado opera entre las 22:00 y las 22:00 en consecuencia. Las horas de negociación aseguran que las divisas se negocien a todas las horas del día y de la noche. Si bien algunos otros instrumentos comerciales pueden volverse intratables debido a la caída de sus mercados, el comercio de divisas siempre puede encontrar un vendedor y un comprador, independientemente del estado del mercado.

Pares de Divisas

Hay muchos tipos de monedas en todo el mundo, y todas tienen tres símbolos de letras, por ejemplo, los euros son EUR, el dólar estadounidense es USD, las libras esterlinas son GBP, los francos suizos son CHF, etc. Las monedas se han dividido principalmente en dos monedas: principales y secundarias. Las principales monedas estas derivadas de las economías poderosas en el mundo que son; EE. UU., el Reino Unido, Japón, la Zona Euro, Australia, Canadá, Nueva Zelanda y Suiza. Estas monedas crean pares de divisas entre sí y con otras monedas menores.

Cuando uno va a una tienda a comprar algunos comestibles o cualquier otro artículo, él/ella necesita intercambiar un activo de valor por otro, por ejemplo, leche por dinero. Esto también se aplica para el intercambio de divisas; comprando y vendiendo una moneda por otra. Cada par involucra dos monedas por las cuales uno compra o vende las monedas contra la otra.

Los pares de divisas se pueden clasificar en tres tipos: pares principales, pares exóticos y pares menores. Las principales parejas siempre consisten en el dólar de los Estados Unidos y muchas personas comercian con ellos. Los pares principales son USDCHF, USDJPY, EURUSD, AUDUSD, GBPUSD, NZDUSD y USDCAD. Los pares menores incluyen todas las monedas que participan en los pares principales, aparte del dólar de los Estados Unidos. Incluyen CHFJPY, EURGBP, EURAUD, JPYAUD, NZDCAD, etc. Los pares exóticos involucran una moneda menor y una moneda principal, por ejemplo, USDNOK, USDKSH, EURTRY, etc.

¿Cómo Funciona el Mercado de Divisas?

Al igual que los mercados bursátiles, uno puede comerciar con divisas dependiendo de su predicción sobre los cambios de valor. La mayor diferencia entre las acciones y los intercambios de divisas es que las divisas pueden comercializarse a la alza y a la baja muy fácilmente. Si uno piensa que una moneda en particular tendrá un aumento de valor, puede comprarla y si piensa que la moneda caerá, puede venderla. El mercado de divisas es tan grande que encontrar un comprador o vendedor es demasiado fácil en comparación con otros mercados comerciales. Asumamos que un comerciante escucha informes de que un país como China devaluará su moneda con la intención de atraer más inversionistas extranjeros al país. Si él/ella piensa que la tendencia de devaluación continuará, el comerciante puede vender la moneda de China contra otra, por ejemplo, el USD. Cuanto más se devalúa la moneda de China frente al dólar de los Estados Unidos, mayor es la ganancia del comerciante. Sin embargo, si la moneda gana valor frente al dólar estadounidense, entonces el comerciante tendrá mayores pérdidas y es posible que desee abandonar el comercio lo antes posible.

En resumen, las operaciones de cambio consisten en apostar sobre el valor de una divisa frente a la otra. Recuerde que en un par, la primera moneda es la base, mientras que la segunda moneda es la secundaria o el contador. Por ejemplo, en el EUR / USD, el EUR es la base, mientras que el USD es el contador. Si un comerciante hace clic en comprar o vender, él/ella está comprando o vendiendo la base. Esto significa que si un comerciante de divisas piensa que el EUR aumentará su valor en comparación con el dólar de los Estados Unidos, comprará el EURUSD. Si el comerciante cree que caerá, él/ella venderá el EURUSD. Si, por ejemplo, el precio inicial de 0.7060 y el precio de la oferta es 0.7064, el precio de propagación es de 4 pips. Ya sea que el valor del euro aumente o disminuya, el operador obtendrá una ganancia o pérdida una vez que cubra el precio del diferencial.El precio del diferencial es generalmente más alto para las monedas menores.

Términos Básicos en Forex

En el mercado de divisas, el término "Posición" se refiere a un comercio en curso, y se clasifica básicamente de acuerdo con las expectativas de los comerciantes. El término "posición larga" se refiere al comercio en el que el comerciante ha comprado una Moneda particular (la primera en un par) con la expectativa de que el valor aumentará. Cuando el comerciante vende nuevamente la moneda al mercado (se espera que sea a un precio más alto que el precio de compra), el comercio se completa y la posición larga se "cierra". Una "posición corta" se refiere al comercio en el que un comerciante vende una moneda (la primera en un par) con la expectativa de que el valor caerá y luego la vuelve a comprar a un precio más bajo. Cuando el comerciante vuelve a comprar la divisa idealmente por menos de lo que la vendió, el comercio está completo, por lo tanto, "cerrado".

El par que se cotiza principalmente en el mercado de divisas es el dólar estadounidense frente al euro o al USDEUR. La moneda identificada en el lado izquierdo se conoce como la moneda base, mientras que la de la derecha se conoce como moneda secundaria. La moneda base es la que un comprador o vendedor desea comprar o vender, mientras que la moneda secundaria es la que un comerciante utiliza para realizar la transacción. Cada par comercial tiene dos precios, la oferta y la compra. La "oferta" es el precio de venta de la divisa base, mientras que la "compra" es el precio de compra. La diferencia entre la oferta y el precio solicitado se conoce como el "margen", e indica la cantidad que cobran los corredores para mantener la posición abierta. Los diferenciales se vuelven más estrechos cuando se negocian más monedas, es decir, cuando una moneda tiene una alta volatilidad. Si un par es muy raro, la propagación será más amplia.

Por lo general, los precios de cotización se presentan con 4 números después del punto. En el caso del EURUSD, por ejemplo, el precio podría ser 1.2589 para significar que por cada euro que un comerciante desea comprar, tendrá que poner 1.2589 dólares estadounidenses. Los cambios que se producen en el valor de la moneda se verán en la última cifra después del punto. Se conoce principalmente como un pip. Las ganancias, las pérdidas y los diferenciales normalmente se indicarán en pips.

Otro término comúnmente utilizado en el mercado de Forex es "prolongarse", lo que significa comprar e ir "corto" significa vender. Un operador alcista normalmente predice que el mercado subirá, mientras que el operador bajista espera que el mercado caiga en beneficio. El término mercado alcista indica que el mercado aumentará o crecerá, mientras que el mercado bajista indicará que el mercado caerá o disminuirá. Los traders experimentados normalmente basan sus decisiones y estrategias en las tendencias del mercado ; por lo tanto, siguen todos los eventos relevantes dentro de los mercados.El estudio de las tendencias ayuda a los comerciantes a obtener ganancias en el mercado.

Formalmente, los comerciantes tenían que llamar a los corredores e informarles de las acciones que debía tomar en el mercado. Sin embargo, la tecnología ha hecho posible que muchos comerciantes realicen transacciones directamente utilizando el software denominado Plataforma de Negociación. Hay muchas plataformas comerciales disponibles para Internet, computadoras e incluso teléfonos. Cada comerciante selecciona una plataforma que funcionará bien con su estrategia comercial para obtener los máximos beneficios.

El "comercio apalancado", también conocido como comercio en el margen, es un proceso que permite a los operadores mantener posiciones más grandes que él/ella solo con su propia fortuna. En una gran cantidad de pares de divisas, un operador puede tener un apalancamiento máximo de 400: 1, lo que significa que por cada $400 el operador invertirá $ 1. En consecuencia, si desea comprar 100000 de EURUSD al precio de 1.2674, en lugar de pagar $126,740, pagará el 25 por ciento de la cantidad. Uno debe recordar que las pérdidas y las ganancias generalmente dependen del tamaño de la posición y que el hecho de aprovechar el comercio puede magnificar las ganancias, y también puede aumentar las pérdidas.

Ejemplo

Digamos que un comerciante quiere realizar transacciones en el mercado de divisas. Él/ella inicia sesión en la plataforma comercial y comprueba la oferta y el precio de venta. Suponiendo que él/ella encuentre que el precio de venta es 1.2356 y el precio de oferta es 1.2359; el pip será 1.2356-1.2359 = 3 pips. Los tres pips irán a los corredores. Si, por ejemplo, ese comerciante cree que el euro subirá, pondrá una orden de "comprar". Luego seleccionará una cantidad particular de unidades que desea comprar, por ejemplo, 10,000. El precio normal para eso sería $ 12356 y si el operador confía en el comercio de apalancamiento, pagará $ 30.89. Si los mercados suben como lo indicó el comerciante, digamos $ 1.2360, entonces él / ella obtendrá una ganancia.

Aspectos que fectan el Mercado de Divisas

El mercado de divisas es altamente líquido debido a la alta demanda y la tasa de oferta. Los comerciantes generalmente realizan transacciones basadas en eventos generales y financieros. En circunstancias normales, cuando una moneda tiene una demanda alta, su valor aumenta en comparación con otras monedas y, si la demanda es baja, el valor disminuirá.

Eventos Financieros

Los eventos financieros se refieren a las declaraciones realizadas por diferentes países, bancos centrales y otras instituciones financieras sobre temas tales como números de fabricación, tasa de desempleo, tasas de interés de préstamos, etc. Si un país hace una declaración de que la tasa de desempleo ha bajado, la gente podría interpretarlo como una economía más fuerte; por lo tanto, el valor de la moneda local aumentará.Si la moneda del país entre las principales, lo más probable es que afecte a otras monedas. Antes de que ocurra un evento, ya sea general o financiero, los operadores especulan sobre el contenido y los cambios esperados y las posiciones abiertas según sus predicciones.

Tamaño del Lote

Un lote se define como el tamaño de comercio mínimo disponible que un comerciante puede colocar en el mercado de divisas. Generalmente, los corredores se refieren a lotes en calibraciones de mil o un micro lote. Se debe tener en cuenta que el tamaño del lote tiene un impacto directo en el riesgo asumido. Como tal, un comerciante puede usar herramientas como las calculadoras de gestión de riesgos para identificar el tamaño de lote más apropiado según el tamaño de su cuenta. Estas herramientas también pueden ayudar al comerciante a comprender la cantidad que está dispuesto a arriesgar. El tamaño de un lote que uno toma tiene un gran impacto en la forma en que cada movimiento del mercado afectará a su cuenta. Esto significa que un movimiento de 100 pips en una posición pequeña (tamaño comercial) no afectará a la cuenta tanto como los mismos 100 pips en una posición grande. En el mercado de compraventa de divisas, hay diferentes tamaños de lotes que se pueden intercambiar, por ejemplo, lotes Mini, lotes micro y lotes estándar.

Micro Lotes

El lote negociable más pequeño en el intercambio de divisas disponible para la mayoría de los comerciantes y corredores son los micro lotes. Un micro lote incluye mil unidades de la moneda utilizada para financiar la cuenta. Si la cuenta se financia en dólares de los Estados Unidos, entonces un micro lote es igual a 1000 USD de la moneda base en la que se desea negociar. Si un comerciante está negociando un par que se basa en dólares, entonces un pip equivaldría a 10 centavos. Los micro lotes son útiles para los traders principiantes porque ayudan a que uno se sienta más cómodo mientras opera.

Mini Lotes

Antes de la introducción de los micro lotes, el mercado tenía mini lotes, por lo que cada mini lote equivalía a diez mil (10000) unidades de la moneda de financiamiento de la cuenta. Si, por ejemplo, un operador está tratando con una cuenta basada en dólares, como se muestra en la ilustración anterior, entonces cada movimiento de pip en una operación tendrá un valor aproximado de un dólar. Si un comerciante desea comenzar a operar a través de los mini lotes, debe estar bien capitalizado.

Un pip que equivale a $ 1 parece ser una cantidad muy pequeña para cubrir todo el riesgo en las operaciones de cambio. Sin embargo, el mercado es altamente volátil; por lo tanto, puede moverse incluso a 100 pips por día, lo que equivale a $ 100. En algunos casos, estos movimientos pueden ocurrir incluso en menos de una hora. Un operador también debe recordar que si el mercado se mueve en su contra en el escenario anterior, la pérdida será igual a $ 100.Depende del comerciante decidir sus niveles finales de tolerancia al riesgo, pero la mejor opción para una empresa comercial en los mini lotes es comenzar con un mínimo de $ 2000 para estar cómodo.

Lotes Estándar

Un lote estándar se refiere a un lote de 100k unidades. Si un comerciante está operando en dólares, un lote estándar es igual a 100,000 unidades. Normalmente, el tamaño promedio de pips en el caso de lotes estándar es de diez dólares estadounidenses. Un aspecto muy importante que un comerciante debe tener en cuenta al tratar con pips estándar es que 10 pips hacia abajo es lo mismo que una pérdida de 100 dólares. Los lotes estándar son más adecuados para cuentas de tamaño institucional. Como tal, uno debe tener al menos $ 25000 para poder realizar transacciones estándar de lotes.

Muchos de los operadores de forex individuales permanecen en los micro y mini lotes, y aunque no parece que gane mucho dinero, un buen plan de comercio asegurará la supervivencia a largo plazo. Para ayudarlo a comprender el impacto de un tamaño de lote en una cuenta, veamos un ejemplo. Digamos que está caminando por un valle en un puente de cuerda que parece bastante fuerte y estable. Mientras el puente pueda soportar su peso, tiene muy poco de qué preocuparse, incluso si se produce una tormenta o si un viento fuerte comienza a sacudir el puente. Sin embargo, si lleva una mochila y equipaje importantes, cuando comienza la tormenta, debe preocuparse porque el puente podría no ser lo suficientemente fuerte. Cuanto mayor sea la carga, mayor será el riesgo: tenga en cuenta que no se está ajustando la resistencia del puente.

El mismo caso se aplica al tamaño del lote de compraventa de divisas. Si uno selecciona un tamaño de transacción pequeño en comparación con su cuenta, entonces es como caminar sobre un puente seguro con pequeños disturbios. Incluso si el mercado se mueve, difícilmente afectará la capacidad del comerciante. Sin embargo, si un comerciante selecciona un tamaño de transacción grande en comparación con el tamaño de la cuenta, entonces el puente podría no soportar el peso, un ligero cambio en las condiciones podría enviar al comerciante a una tierra sin retorno.

Determinación del Tamaño de una Posición en el Mercado de Divisas

En el comercio de divisas, el tamaño del comercio o el tamaño de la posición tiene más importancia que el momento. Un comerciante puede tener la mejor estrategia de entrada y salida, pero si no sabe el tamaño de una transacción o posición, puede asumir un riesgo o demasiado grande o demasiado bajo. Al tomar demasiado riesgo debe plantear una inquietud porque podría evaporar una cuenta demasiado rápido. La posición se refiere a la cantidad de lotes que un comerciante toma en cada comercio (Micro, mini o estándar). El riesgo normalmente se clasifica en dos partes, a saber, riesgo de cuenta y riesgo comercial. Estos elementos trabajan juntos para darle al comerciante una posición ideal independientemente de las condiciones del mercado, la configuración actual del comercio o la estrategia que uno está usando.

El primer paso para determinar una posición en el comercio de divisas es establecer un límite de riesgo de cuenta. Uno establece el límite de riesgo de acuerdo con la cantidad de capital que está dispuesto a perder. Muchos comerciantes experimentados arriesgan un máximo de 1 por ciento por operación. Por ejemplo, si un comerciante tiene $ 10000, entonces él/ella puede arriesgar $ 100 a la tasa de riesgo del 1%. El límite de riesgo también se puede establecer en cantidades en dólares en lugar de porcentajes. Con un límite de riesgo de cuenta establecido, todas las variables que afectan al mercado pueden cambiar, pero el riesgo permanece constante. Es mejor si un operador identifica un porcentaje o monto de riesgo de cuenta y lo aplica en todas las operaciones.

El segundo paso consiste en identificar el riesgo de pip. Un comerciante debe dirigir toda la atención al comercio y calcular la diferencia entre el lugar donde colocaron la orden de detención y el punto de entrada. Recuerde que una orden de pérdida limitada cierra una operación si pierde una cierta cantidad establecida por el operador. La orden de stop loss ayuda a mantener el riesgo dentro de los límites seleccionados, como el que se mencionó anteriormente (1 por ciento). Sin embargo, cada comercio tiene un riesgo de pip diferente según la estrategia o la volatilidad. En algunos casos, un intercambio puede tener 6 pips mientras que otro tiene 16 pips.

Cuando un comerciante está haciendo un intercambio, él/ella debe considerar su punto de entrada y la ubicación de pérdida de parada. Es mejor tener el stop loss lo más cerca posible del punto de entrada. Sin embargo, el operador debe asegurarse de que el límite de pérdida no esté demasiado cerca del punto de entrada en la medida en que se detenga la operación antes de que ocurra el movimiento esperado. Una vez que una persona sepa la diferencia entre el punto de entrada y el límite de pérdida, podrá calcular la posición ideal para el comercio.

El tercer paso consiste en determinar el tamaño de la posición para el comercio. La posición ideal se puede calcular utilizando una fórmula matemática simple; Valor de Pip * Riesgo de Pip * lotes negociados es igual a $ en riesgo. Desde el primer paso, identificamos el $ en riesgo, y esta es la cantidad máxima de dinero que uno puede arriesgar. En el segundo paso, identificamos los pips en riesgo.

Aplicar la Formula

Suponiendo que un comerciante tiene una cuenta de $ 10000 y ha establecido un límite de 1 por ciento de riesgo para cada operación. El comerciante puede arriesgar hasta 100 dólares. Si él/ ella identifica una transacción, por ejemplo, EUR / USD donde quiere comprar a 1.3050 y colocar una orden de pérdida limitada a 1.3040, el resultado será 10 pips de riesgo. Si el comerciante busca intercambiar mini lotes, entonces cada movimiento de pip tiene un valor de $ 1. Como tal, tomar una sola posición de mini lote conllevará un riesgo de $ 10. Pero el límite de riesgo del comerciante es de $ 100, por lo tanto, debe negociar con una posición de 10 mini lotes. Diez mini lotes son iguales a un lote estándar. Si en este negocio el comerciante pierde diez pips en la posición de diez mini lotes, habrá perdido $ 100. Esto está dentro de la tasa de riesgo de tolerancia de la cuenta.

En la fórmula dada anteriormente se puede acomodar cualquier número para que el comerciante identifique una posición ideal en términos de lotes. El número de lotes producidos por las fórmulas está directamente vinculado al valor del pip puesto en las fórmulas. Esto significa que si un comerciante pone el valor de un micro lote, entonces las fórmulas darán la posición en micro lotes. Si los pips son los de un lote estándar, entonces la posición se identificará en los lotes estándar.

Capítulo 2: ¿Qué es el Day Trading Forex?

Los estilos de operaciones de Forex se clasifican principalmente en función del tiempo que el comerciante mantiene una posición y espera que gane. Algunos operadores prefieren mantener posiciones durante semanas, mientras que otros prefieren mantener posiciones durante minutos o incluso horas.

El Day Trading se refiere al estilo de negociación a corto plazo en el que un operador cierra una transacción dentro del día sin mantenerla durante la noche. En la mayoría de los casos, el comerciante realiza transacciones por un día y las cierra tan pronto como alcanzan el objetivo o en cualquier momento antes de que termine el día. Los operadores actúan en su sesgo y eligen un lado al comienzo del día y al final del día, y cierran con una ganancia o pérdida. A los comerciantes de día o Day Traders no les gusta mantener los oficios durante la noche. Este estilo de intercambio es más adecuado para las personas que tienen suficiente tiempo en un día para analizar, monitorear y ejecutar un intercambio dentro de un día.

Uno puede ser un operador de divisas si le gusta iniciar y finalizar una operación dentro de un día, tiene tiempo suficiente para monitorear de cerca las tendencias del mercado durante todo el día, especialmente en la mañana, y le gusta saber si ganó o perdió. dentro de un día de negociación. Si uno no tiene tiempo suficiente para analizar los mercados durante la mayor parte del día, o tiene un trabajo diario que requiere demasiada atención o le gusta realizar transacciones a más largo o más corto plazo, es posible que no pueda participar en el Day Trading.

Hay algunas cosas que uno debe considerar antes de aventurarse en el Day Trading por ejemplo, un comerciante debe asegurarse de que tiene un medio para mantenerse actualizado sobre los últimos eventos básicos. El conocimiento le permite a uno elegir una dirección y tomar decisiones al comienzo del día. Si uno tiene un día de trabajo a tiempo completo, deben tomar serias consideraciones porque se les requerirá que dividan el tiempo entre el trabajo y el comercio. Básicamente, la persona puede ser despedida si pasa demasiado tiempo mirando los gráficos durante las horas de oficina.

Hay diferentes tipos de transacciones diarias, como las tendencias, las tendencias de la tendencia a la contrarreferencia y las operaciones de ruptura. El comercio de tendencias implica situaciones en las que el comerciante observa un cuadro de marco de tiempo más largo y determina la tendencia general. Después de eso, el operador cambia a un cuadro de tiempo más pequeño y analiza la oportunidad comercial siguiendo la tendencia. El comerciante utiliza los indicadores en el marco más corto para tener una idea de cuándo deben cronometrar sus entradas. El comercio de compensación, por otro lado, ha funcionado como el comercio de tendencia, pero el operador busca oportunidades en la dirección opuesta después de observar la tendencia general. La idea detrás de la negociación en contra de la tendencia es identificar el final de una tendencia y hacer una entrada temprana cuando la tendencia se invierte. Contrarrestar el comercio es más riesgoso, pero un comerciante puede tener enormes ganancias cuando se usa correctamente.

Las operaciones de ruptura se refieren a las situaciones en las que un comerciante observa el rango creado por un par en particular durante ciertas horas del día y luego coloca una operación a cada lado mientras espera obtener una ruptura. El comercio de ruptura es particularmente bueno cuando el par ha estado en un rango estrecho porque eso indica que el par hará un gran movimiento en poco tiempo. El objetivo del comerciante en el comercio de ruptura es posicionarse estratégicamente de tal manera que una vez que se produce el movimiento; él/ella atrapa la ola. En el método de negociación de ruptura, el comerciante determina el rango en el que la resistencia y los apoyos se han mantenido fuertemente y luego establecen los puntos de entrada por debajo o por encima de los niveles de ruptura. La regla de oro en este comercio es apuntar a una cantidad igual de puntos que componen el rango determinado.

Las Técnicas de un Day Trader o Comerciante del Día

Los comerciantes del día o Day Traders siguen los eventos que conducen a cambios en el mercado a corto plazo. Una técnica popular en la que confían los comerciantes del día es intercambiar noticias. La psicología del mercado y las expectativas del mercado identifican que los mercados reaccionan a los anuncios programados, tales como ganancias corporativas, estadísticas económicas y tasas de interés. Los mercados reaccionan drásticamente cuando se superan las expectativas establecidas, o no se han cumplido las expectativas, y los movimientos significativos de los precios pueden beneficiar mucho a los operadores de día.

Los comerciantes del día también usan la técnica de desvanecimiento de la brecha para obtener beneficios en un período corto. Cuando un comerciante observa una brecha entre la apertura del día y el cierre del día anterior, puede tomar una posición en la dirección opuesta, por lo tanto, cerrar la brecha. Durante el día en que no hay noticias, las brechas son raras. Sin embargo, los comerciantes todavía tienen una opinión sobre la dirección hacia la cual generalmente se está moviendo el mercado. Si un comerciante anticipa que el mercado subirá, él/ella puede comprar valores que muestren fortaleza cuando bajen sus precios. En los casos en que el comerciante observa una tendencia a la baja en el mercado, puede vender los valores que muestran debilidades cuando los precios rebotan. Muchos comerciantes del día independientes usan días cortos en los que trabajan de 2 a 5 horas por día solamente.

En muchos casos, los comerciantes practicarán sus habilidades comerciales en una cuenta de demostración antes de comenzar a operar. Las cuentas de demostración ayudan a los comerciantes a rastrear los fracasos y éxitos en comparación con los mercados. Por lo tanto, aprenden a través de la experiencia.

Errores en el Day Trading Forex

El mercado de divisas es muy extenso y tiene muy pocas barreras de entrada. En consecuencia, es uno de los mercados más accesibles del mundo y cualquiera puede acceder a él desde cualquier lugar. Teóricamente, si uno puede acceder a Internet, tiene una computadora o un teléfono inteligente que admite comercio y algo de dinero, y luego puede comenzar a comerciar en el mercado de divisas. Muchos nuevos participantes en el intercambio de divisas comienzan con el comercio diario, sin embargo, la facilidad de entrada no representa la facilidad de obtener ganancias como suponen muchas personas. Hay algunos errores comunes que los comerciantes del día pueden llevar al fracaso.

En primer lugar, muchos comerciantes no logran registrar sus ratios. Como comerciante diurno, hay dos estadísticas identificadas que uno debe vigilar; La relación riesgo/recompensa y la tasa de ganancia. La tasa de ganancias de un comerciante es la cantidad de veces que gana un comerciante, expresada como un porcentaje. Por ejemplo, si el comerciante gana 80 veces de cada 100, entonces la tasa de ganancia es del 80%. Un comerciante del día debe mantener al menos un 50% de la tasa ganadora. La relación riesgo-recompensa representa el número de ganancias en relación con el número de pérdidas en el comercio promedio. Por ejemplo, si un operador pierde un promedio de $ 500 y gana un promedio de $ 750, entonces la relación riesgo/recompensa es de $ 750 / $ 500 = 1.5. Un operador debe asegurarse de que mantiene la relación riesgo/recompensa por encima de 1 para minimizar la pérdida. Idealmente, el mejor margen es 1.25, y esto indica un operador rentable. En algunos casos, un comercio aún puede ser rentable cuando la tasa de ganancias es más baja, y el índice de recompensa es más alto y viceversa.

El segundo error común cometido por los comerciantes del día implica el comercio sin un stop loss. Un stop loss es para compensar una operación si los precios se mueven en cierta medida contra el operador. El comerciante selecciona la cantidad en la que el pedido debe sacarlo del comercio. Una orden de pérdida limitada modera la pérdida y es muy útil para los operadores principiantes.

El tercer error que cometen los comerciantes del día implica aumentar la pérdida del comercio diario. Muchos operadores tienden a promediar una baja cuando se producen pérdidas con la esperanza de que la tendencia se revertirá. Averaging down se refiere al proceso de agregar a una posición mientras los precios se mueven en contra del comerciante. Esta es una práctica peligrosa porque el precio puede moverse contra el comerciante por más tiempo del esperado, causando pérdidas exponenciales. En lugar de arriesgar todo, uno debe realizar una transacción y establecer una orden de stop loss de tal manera que una vez que el precio alcance el objetivo establecido, la transacción se cierre automáticamente.

En cuarto lugar, algunas operaciones arriesgan más de lo que pueden permitirse perder .La estrategia clave de las operaciones de cambio es identificar la cantidad de capital que uno está dispuesto a perder si el trato sale mal. Idealmente, un comerciante del día debería arriesgar un máximo del 1 por ciento de su capital en cualquier operación. Como tal, la orden establecida para detener y perder debería cerrar una operación de la misma lleva a una pérdida de más del 1 por ciento en el capital comercial. En consecuencia, esto significará que cuando un comerciante pierde varias operaciones de manera constante, solo se perderá una cantidad muy pequeña de capital. Nuevamente, el operador puede ganar 2 o 3 por ciento en cada victoria, por lo tanto, cubriendo las pérdidas muy fácilmente.

Otra estrategia de gestión del riesgo de capital es controlar las pérdidas diariamente. En lugar de utilizar una orden de pérdida limitada para varios días, un operador debe seleccionar una orden de parada para cada día. Algunos días son peores que otros; por lo tanto, un comerciante puede perder una cantidad sustancial de capital en un día. Un stop loss diario es muy importante para mitigar los riesgos.

Muchos comerciantes también cometen el error de ir all-in. Incluso cuando han identificado buenas estrategias para mitigar las pérdidas, los comerciantes a veces se ven tentados a ignorar los signos y realizar un intercambio demasiado grande de lo que normalmente lo harían. Las razones para ir all-in dependen de la intención del comerciante y del propósito del comercio. Por ejemplo, un operador puede haber experimentado una tremenda cantidad de pérdidas en una fila de operaciones. Por lo tanto, él/ella busca recuperarse. Una vez más, un comerciante podría haberlo hecho tan bien durante un período de tiempo que sintiera que no puede perder.

En algunos casos, las operaciones se ven tan atractivas, y el operador se vuelve demasiado confiado acerca de una victoria, por lo tanto, coloca más que la estrategia establecida. Es mejor si un comerciante se atiene a su regla comercial, como un riesgo del 1% por operación y el riesgo del 3% por día. Si uno arriesga demasiado capital, podría cometer un error, y en la mayoría de los casos, los errores tienden a acumularse y aumentar.

Cuando el riesgo no se amortiza, un comerciante puede cancelar su orden de suspensión con la esperanza de que el comercio se recupere. En otros casos, un operador se verá tentado a sumarse a la posición que aún espera que la operación que salió mal cambie. Para evitar tales tentaciones, es mejor si el comerciante identifica una estrategia de gestión de riesgos y se apega a ella.

Los comerciantes principiantes también intentan participar en las noticias porque parece ser una forma favorable de obtener ganancias. Muchos pares comerciales caen y suben bruscamente para reflejar las noticias publicadas al mundo sobre la economía. Muchos comerciantes, especialmente los experimentados, identifican los posibles movimientos en el comercio basados en las noticias y toman una posición antes de que la información llegue al mercado. En algunos casos, es una buena manera de obtener ganancias rápidas, pero algunos casos terminan en grandes pérdidas.

A menudo, cuando las noticias se publican de inmediato, el precio de un par se moverá rápida y bruscamente en ambas direcciones antes de que pueda elegir una dirección clara. Esto significa que algunos operadores terminan teniendo grandes pérdidas en unos pocos segundos después del comunicado de prensa. El rápido y agudo movimiento de los precios en el mercado marca una gran volatilidad, y un comerciante puede pensar que es algo bueno porque existe la posibilidad de que el precio vuelva a su favor. Si bien esto podría ser posible, no hay garantía.

Otro problema que surge con la publicación de noticias es que el precio de propagación (la diferencia entre una oferta y una solicitud) es a menudo mucho más alto de lo normal. Como tal, uno no puede alcanzar la liquidez y salir de la posición al precio elegido. En lugar de anticipar y participar en la dirección en que las noticias toman el mercado inmediatamente después del lanzamiento, un comerciante debe tener un plan estratégico que los ponga en el comercio después de la volatilidad.

Los comerciantes del día también cometen el error de elegir al agente equivocado. Una de las operaciones más grandes que un comerciante puede hacer es hacer un depósito a un corredor de divisas. Si el dinero se administra de manera deficiente, o si el corredor de bolsa salta con razón al comerciante, todo el capital podría perderse. Un comerciante debe tomar tiempo para elegir un corredor.

Los comerciantes también cometen el error de tomar múltiples operaciones correlacionadas. Se dice que la diversificación es buena y que no debemos poner todos los huevos en una canasta. Sin embargo, tales declaraciones son discutibles. Cuando un comerciante cree en la diversificación, lo más probable es que realice múltiples transacciones en un día al mismo tiempo en lugar de tomar solo una. La razón detrás de la diversificación es difundir el riesgo. Sin embargo, algunos traders principiantes y también algunos traders experimentados pueden aumentar sus riesgos.

En muchos casos, los operadores seleccionarán pares diversificados que tengan configuraciones comerciales similares. Con esa similitud, es probable que los pares de divisas estén correlacionados; por lo tanto, el comerciante ve una configuración casi similar en todos. Cuando los pares seleccionados están correlacionados, tienden a moverse juntos. En consecuencia, si un precio aumenta en uno, todos los demás siguen y si hay una pérdida, afecta a todos los pares. En consecuencia, si el comerciante gana, él/ella gana en todas las posiciones, pero si pierde, será en múltiples cantidades. Si un comerciante realiza varias operaciones en un día, debe asegurarse de que sean completamente independientes entre sí.

En algunos casos, el comerciante se verá tentado a intercambiar datos económicos y fundamentales.

Las noticias del día o los artículos de negocios que se muestran en diferentes plataformas pueden llevar al comerciante a tomar decisiones sesgadas. En el comercio diurno, la perspectiva fundamental a largo plazo tiende a ser irrelevante porque el objetivo del comerciante del día es implementar una estrategia muy rápido, independientemente de la dirección de la perspectiva a largo plazo. Durante el día, el comerciante no debe centrarse en los datos fundamentales porque no afecta los movimientos de precios a corto plazo. Un análisis a largo plazo del comercio puede hacer que un comerciante se desvíe de su estrategia. La mejor opción para un comerciante es apegarse a su plan estratégico para evitar el juego.

El Day Trading parece ser muy simple, y muchas personas asumen que obtendrán ganancias automáticas. Como tales, algunos comerciantes, y especialmente los principiantes, entran en el comercio sin un plan y hasta cierto punto resulta ser muy costoso. Un plan de negociación implica un documento escrito que establece claramente el procedimiento que el operador pretende seguir. Define el comercio de dónde, cómo y cuándo en el día. Un buen plan de negociación debe incluir los mercados seleccionados en los que el comerciante desea participar, el tiempo y el marco de tiempo de la operación, los métodos de análisis del mercado y cuándo cerrar las operaciones. También debe identificar las reglas de gestión del riesgo comercial y cómo el comerciante debe entrar y salir de las operaciones, ya sea que gane o pierda. Cuando un comerciante se aventura en el comercio de divisas sin un plan claro, él/ella está apostando.Para evitar estos casos, un comerciante debe crear un plan e incluso probarlo en una cuenta demo para obtener rentabilidad antes de usar dinero real.

Capítulo 3: Swing Trading Forex?

El comercio de swing o Swing Trading se refiere al estilo de negociación a largo plazo que requiere que un operador mantenga sus operaciones durante varios días. A diferencia del estilo de negociación diaria, este estilo de negociación es apropiado para personas que no pueden monitorear sus gráficos durante muchas horas durante el día, pero que pueden dedicar un tiempo para analizar el mercado. Por ejemplo, alguien que tiene un empleo completo durante el día puede usar un par de horas por la noche para estudiar el mercado. Estos comerciantes tienen un calendario apretado, pero tienen algo de tiempo para mantenerse actualizados con los acontecimientos en la economía mundial.

El Swing Trading busca identificar los cambios que ocurren dentro de una tendencia a mediano plazo, y el operador ingresa cuando ve una alta probabilidad de ganar. Por ejemplo, un comerciante debe aspirar a ir largo cuando las oscilaciones son bajas y corto cuando las oscilaciones son altas para beneficiarse de las contra-tendencias. Teniendo en cuenta que las operaciones duran más de un día en el comercio de swing, el operador tiene que seleccionar grandes pérdidas para detener la volatilidad del clima. Esto debe ser incluido en el plan de manejo de dinero. Existe la posibilidad de que un comerciante vea que las operaciones van en su contra porque el análisis de precios fluctúa mucho durante los plazos cortos. Un comerciante de swing debe permanecer tranquilo en estos marcos de tiempo y confiar en su análisis. Un comerciante de swing o Swing Trader generalmente tiene objetivos más grandes, por lo tanto, el precio del diferencial no tiene mucho impacto en las ganancias generales. En consecuencia, los pares comerciales con menor liquidez y mayores diferenciales son aceptables.

Uno puede participar en la operación Swing si no le importa mantener las operaciones durante varios días, está dispuesto a tomar decisiones basadas en un análisis exhaustivo y seleccionando solo algunas operaciones a la vez, no le importa que haya grandes pérdidas, y es capaz de mantener la calma cuando las operaciones van en contra de las expectativas. Si a uno le gusta el comercio de acciones y el ritmo rápido, es impaciente y desea resultados inmediatos, no puede dedicar tiempo a hacer un análisis exhaustivo de los gráficos, entonces él/ella debe evitar los intercambios de swing.

Los comerciantes de swing analizan los swings que constan de dos partes: el punto de balanceo y el cuerpo. El punto de balanceo es el punto en el que la tendencia comienza a moverse en la dirección opuesta, mientras que el cuerpo es la curva entre un punto de giro y el siguiente. El comerciante tiene la tarea de cronometrar su entrada de una manera que facilite la captura de la mayoría del cuerpo.

La captura de un punto de giro puede ser muy lucrativo, pero no es obligatorio. De hecho, un comerciante puede perder más al intentar capturar los puntos extremos de oscilación en la parte superior e inferior. Una buena manera de acercarse al Swing Trading consiste en esperar pacientemente una señal para comprar o vender. En cualquier movimiento de mercado, el cuerpo oscilante es la parte más rentable.

Comparación entre Day Trading y Swing Trading

La principal diferencia entre el Day Trading y el Swing Trading **es el tiempo requerido para mantener una posición**. En el comercio diario, el comerciante debe cerrar todas las posiciones dentro del día. Por otro lado, el comercio de swing requiere que un operador mantenga una posición durante la noche y asuma el riesgo de los altibajos de la tabla que se producen en la noche. En consecuencia, cuando un operador realiza un intercambio de operaciones, toma un tamaño de posición más pequeño en comparación con el operador de día. Los comerciantes del día utilizan el apalancamiento para mantener posiciones de gran tamaño.

Tanto las transacciones de día como las de swing no depenen tanto de los productos básicos que uno desea intercambiar, por ejemplo, petróleo y acciones, sino que todo es cuestión de tiempo. En consecuencia, el Day Trader estará interesado en los cambios dentro del día, por ejemplo, en intervalos de cuatro horas, mientras que el Swing Trader prestará más atención a los gráficos y patrones de varios días. Algunos de los patrones que observará el Swing Trader incluyen patrones de cabeza y hombros, doble fondo, patrones de copa y mango, triángulos, estrellas fugaces, banderas y cruces de promedio en movimiento.

Otra diferencia entre el Day Trading y el Swing Trading implica los enfoques de stop-loss .Las pérdidas de parada en el Swing Trading son normalmente más anchas que el Day Trading debido a la diferencia en los objetivos de ganancias.

Capítulo 4: Volatilidad en las Operaciones de Cambio o Forex Trading

En el comercio de divisas, el término volatilidad se refiere al grado de riesgo o incertidumbre que se produce con el tamaño de los cambios en el tipo de cambio. La alta volatilidad indica que el precio de cualquier moneda ha cambiado drásticamente en un corto período de tiempo. Una tasa de volatilidad más alta indica que la tasa de cambio puede extenderse exponencialmente en un amplio rango de valores. Por otro lado, una menor volatilidad indica que la tasa de cambio no cambia demasiado drásticamente en un corto período de tiempo.

En resumen, la alta tasa de volatilidad significa que la negociación del par de divisas afectado es arriesgada. La baja tasa de volatilidad, mientras tanto, indica que hay menos riesgos en el comercio. En la mayoría de los casos, los operadores utilizan el término volatilidad para referirse al cambio en el valor de un par en términos de desviación estándar. La volatilidad se utiliza para cuantificar el riesgo de un par de divisas durante un período de tiempo. En general, la volatilidad se expresa en términos de años y puede ser en forma de porcentaje, fracción o número absoluto. En otras palabras, la volatilidad indica el grado de cambios impredecibles en un par de divisas en particular a lo largo del tiempo; por lo tanto, representa el grado de riesgo que un comerciante enfrenta al negociar en un par en particular.

Volatilidad para los Actores del Mercado

Aunque muchas personas ven la volatilidad como un mal aspecto porque representa un lado negativo del comercio, la incertidumbre y el riesgo, algunos comerciantes lo ven como una ventaja para obtener ganancias. Los actores del mercado pueden encontrar la volatilidad en el mercado muy atractiva porque también indica la posibilidad de obtener ganancias. Las posibilidades de obtener ganancias masivas debido a la volatilidad son muy altas, especialmente para los comerciantes del día. Sin embargo, la volatilidad puede no funcionar bien para los traders a largo plazo que prefieren comprar y mantener.

Es importante tener en cuenta que la volatilidad no indica la dirección del mercado. Sin embargo, indica el nivel de movimientos (fluctuaciones) de un tipo de cambio. Una moneda que tiene una alta volatilidad indica que hay altas posibilidades de un aumento o una disminución. Una moneda que tiene una menor volatilidad indica menores posibilidades de aumento o disminución. Un ejemplo de baja volatilidad es una cuenta de ahorros en la cual el inversionista no tiene posibilidades de perder el 50 por ciento del dinero, pero tampoco tiene posibilidades de obtener una ganancia del 50 por ciento.No hay una sola moneda que permanezca en alta volatilidad o baja volatilidad para siempre; hay algunos marcos de tiempo cuando el precio de una moneda sube y baja tan rápidamente (altamente volátil) mientras que otras veces parecen estar estancados (menos volátiles).

Hay dos tipos generales de volatilidad: la volatilidad histórica y la volatilidad esperada. La volatilidad histórica se calcula sobre la base de los precios pasados, mientras que la volatilidad esperada se basa en los precios actuales con el supuesto de que estos precios indican los riesgos esperados del activo. Uno puede definir la volatilidad histórica como la volatilidad estadística y mide las fluctuaciones de los precios en un tiempo determinado. La volatilidad esperada identifica el equilibrio entre la demanda y la oferta de una moneda y lo utiliza para determinar el futuro.

Los operadores consideran que la volatilidad es uno de los datos más importantes que indican si el operador debe ingresar o salir de una posición en la moneda. Hay diferentes indicadores que se utilizan para evaluar la volatilidad, e incluyen el índice de materias primas de Chanel, las bandas de Bollinger y el rango real promedio.

Todos los indicadores están integrados de forma integral en la mayoría de las plataformas de negociación. El índice de volatilidad relativa también es otro indicador importante que refleja la dirección que sigue la volatilidad de los precios. La principal característica del Índice de Volatilidad Relativa es que confirma las señales de los osciladores RSI, MACD, Estocásticos y otros Forex sin ser repetitivos. El Índice de Volatilidad Relativa sirve como una herramienta de verificación muy útil porque se extrae de la dinámica de datos en el mercado que otros indicadores omiten. Cuando se utiliza como filtro para variables independientes, el índice de volatilidad relativa puede definir la fortaleza de la tendencia del mercado al tiempo que mide la volatilidad en lugar del precio.

Los operadores de divisas han elegido durante mucho tiempo los pares de divisas en los que desean invertir basándose en el análisis clásico de riesgo y rendimiento. Nuevamente, los riesgos y rendimientos se evalúan en momentos separados y en el mejor de los casos, para una serie de tiempo determinada. En el comercio real, los precios de las monedas cambian constantemente y a diferentes velocidades, es decir, a veces rápidamente y otras veces lentamente. Como tal, un comerciante debe prestar mucha atención a la volatilidad porque mide el rango de precios de las monedas en el pasado, el presente y el futuro de manera integral. En consecuencia, un comerciante puede estimar el rendimiento potencial y el riesgo esperado de una inversión.

Tomando Ventaja de la Volatilidad

Además del hecho de que el mercado de divisas es el más grande y uno de los mercados más líquidos, también es muy volátil. Recuerde que la volatilidad indica las subidas y bajadas de los precios en los mercados. Los precios de las monedas en el mercado de divisas pueden ser altamente volátiles o menos volátiles dependiendo de las condiciones económicas. Una de las razones por las que los comerciantes consideran que el comercio de divisas es muy atractivo es la volatilidad. Ofrece a los operadores más oportunidades de obtener ganancias rápidas y enormes , pero uno debe recordar que también aumenta las posibilidades de pérdida. En otras palabras, es una espada de doble filo.

Cuando uno observa de cerca el mercado de divisas, se dará cuenta de que el núcleo del movimiento del mercado es la volatilidad. Si bien las tensiones geopolíticas, los movimientos del mercado y otros factores son los motores más importantes de los mercados, la volatilidad depende de todos los demás factores.

Recuerde que la volatilidad se clasifica en dos, Histórica y esperada/implícita. Hay una serie de cosas que un comerciante debe hacer para sobrevivir al entorno de mercado volátil. Primero, el operador debe tener la posibilidad de cambiar su apalancamiento con facilidad. Los comerciantes utilizan el apalancamiento para obtener grandes ganancias cuando utilizan fondos limitados. Sin embargo, esto también aumenta las posibilidades de hacer grandes pérdidas. En segundo lugar, un operador no debe colocar todo su capital comercial en una moneda de un solo par porque la incertidumbre es alta en los mercados volátiles. Los resultados son muy inciertos en comparación con las condiciones normales de los mercados. Por lo tanto, un comerciante debe diversificar. En tercer lugar, un operador debe tener cuidado cuando hay grandes cambios en el mercado de divisas y en el comercio más pequeño. En casos de grandes movimientos, un comerciante debe ajustar sus precios objetivo. En cuarto lugar, un comerciante debe tener en mente el panorama general y también monitorear las tendencias en marcos temporales más amplios. Es incluso mejor si el comerciante puede usar varios marcos de tiempo. Finalmente, el comerciante debe ser paciente y mantenerse comprometido con su plan comercial. A veces, el comercio también significa mantenerse fuera del mercado; por lo tanto, si un comerciante no está seguro de qué hacer, él/ella debe mantenerse alejado del comerciante.

Indicadores Técnicos de la Volatilidad

Un operador puede usar varios indicadores para medir la volatilidad de un par de monedas, y como se mencionó anteriormente, los tres indicadores más utilizados son las Bandas de Bollinger, el Rango Real Promedio y la Dirección del Promedio.

Bandas de Bollinger

El indicador de banda de Bollinger fue inventado por John Bollinger en la década de 1980, y se usa para medir la volatilidad de un mercado y detectar los momentos en que los precios están a punto de revertirse. Se basan en un promedio móvil y normalmente tienen en cuenta un período de tiempo de 20 períodos graficado en un gráfico. Las bandas se forman con desviaciones estándar (dos curvas trazadas por encima y por debajo de la media móvil). La teoría establece que si la desviación de los precios indica una distribución normal, entonces el 95 por ciento de las fluctuaciones debería caer entre las dos desviaciones estándar (entre las dos bandas). Cualquier fluctuación que caiga fuera de las bandas de desviación estándar debe indicar una mayor volatilidad y es probable que los precios vuelvan a caer a su promedio.

Rango Promedio Verdadero

El rango promedio verdadero indica el rango de negociación promedio para un período de tiempo particular. Un rango de negociación se define como el momento en que una moneda se negocia entre precios bajos y altos constantes durante un determinado período de tiempo. En un rango de cotización, el rango de cotización superior proporciona resistencia a los precios, mientras que en la parte inferior típicamente proporciona el soporte. En el caso del comercio de divisas, la cantidad predeterminada de tiempo es un período de 14 años. Cuando el rango promedio verdadero disminuye, indica una disminución en la volatilidad. Lo contrario es cierto.

Índice Direccional Promedio

El índice direccional promedio indica la longitud de cada tendencia en función de los mínimos y máximos de un período de tiempo determinado. En el comercio de divisas, el marco de tiempo suele ser de 14 períodos. El indicador se representa como una línea debajo del gráfico y los valores oscilan entre 0 y 100. Cuando la línea está por encima de los veinte a veinticinco niveles, eso indica que una tendencia está comenzando sin importar la dirección. Cuando la tendencia se vuelve más fuerte, indica que hay una mayor volatilidad.

Capítulo 5: Liquidez en el Mercado Cambiario de Divisas o Forex Exchange

El mercado cambiario de divisas es el mercado financiero más líquido del mundo y de todos los factores; podemos decir que es verdad. Una de las razones principales del alto estado de liquidez es que el mercado opera las 24 horas, cinco días a la semana. El mercado también es muy profundo, con una facturación de casi 6 mil millones de dólares por día. Sin embargo, esto no significa que el mercado no esté sujeto a condiciones de liquidez. En el comercio de divisas, la liquidez se refiere al número de intereses de mercado presentes en el mercado en un momento determinado. Estos intereses incluyen el volumen de operaciones global y los comerciantes activos. Algunas personas definen la liquidez en términos simples como ese nivel de actividad en un mercado. En otros casos, la liquidez se refiere a la capacidad de comprar y vender un par de monedas sin provocar cambios significativos en los precios o tasas. En este caso, cuando un par se puede comprar y vender con facilidad, se dice que tiene una alta liquidez y, normalmente, hay un alto nivel de actividades comerciales para ese par en particular.

Desde la perspectiva de un comerciante individual, la liquidez se puede sentir en términos de volatilidad de precios. El mercado que es altamente líquido experimentará un movimiento gradual de precios en incrementos muy pequeños, mientras que un mercado con alta liquidez experimentará un movimiento más abrupto de precios, por lo que los incrementos son relativamente grandes.

La liquidez del mercado de divisas diferirá a lo largo del día de negociación, ya que los centros financieros globales se cierran y abren en sus diferentes horarios y zonas horarias. Independientemente de las fluctuaciones de liquidez, un volumen relativamente alto de negociación dentro del mercado continúa todo el tiempo. Las condiciones de liquidez máxima normalmente están vigentes cuando los mercados de Londres y Europa están abiertos. Se superponen con el mercado norteamericano y el mercado asiático por la tarde y la mañana, respectivamente. Una vez que el comercio europeo se cierra, la liquidez cae drásticamente en lo que los comerciantes comúnmente llaman el mercado de la tarde de Nueva York. En los períodos de liquidez reducida, las tasas de las diferentes monedas están sujetas a movimientos volátiles y repentinos de los precios. Los catalizadores para los movimientos repentinos incluyen rumores o eventos noticiosos, y la reducida liquidez hace que los precios respondan de manera más abrupta que durante las sesiones líquidas.

No hay una manera clara de predecir con certeza el movimiento de los precios durante estos momentos relativamente poco líquidos, por lo tanto, un mayor riesgo. Si un operador mantiene una posición en el mercado de divisas en los períodos de menor liquidez, se exponen a un mayor riesgo de acción de precios volátiles. En algunos países, la liquidez del mercado de divisas también se ve afectada por períodos de bajo interés en el mercado, como los días festivos (Navidad y Semana Santa) y las vacaciones de mercado.

En general, las sesiones de vacaciones llevan a una volatilidad reducida porque los mercados sucumben al estancamiento y permanecen confinados dentro de ciertos rangos. Los riesgos de reducción de la volatilidad también aumentan durante las principales reversiones de tendencias y brotes repentinos.

Los fondos de cobertura y otros especuladores agresivos explotan la liquidez reducida para empujar a los mercados de divisas más allá de puntos técnicos particulares. Esta explotación hace que otros participantes del mercado respondan más tarde de lo habitual, por lo tanto, una ruptura. Para cuando el día festivo llegue a su fin, el mercado probablemente habrá movido cientos de puntos e incluso establecido una nueva dirección.

El hecho de que el comerciante esté disfrutando de un largo fin de semana de vacaciones o en agosto no significa que no esté expuesto a riesgos comerciales inesperados debido a una mayor volatilidad. Todo comerciante debe tener en cuenta las condiciones de liquidez de los días festivos en su planificación comercial.

Capítulo 6: Forex Trading: Ventajas y Desventajas

El comercio de divisas o Forex Trading tiene muchos aspectos favorables, pero al igual que cualquier otra actividad comercial, tiene un inconveniente. Todo comerciante que busque ingresar al sistema de comercio debe evaluar las ventajas y desventajas de las divisas antes de tomar una decisión sobre la conveniencia y el atractivo del mercado.

Ventajas

El intercambio de divisas tiene un gran número de ventajas independientemente de los riesgos; por lo tanto, lo hace una actividad atractiva y lucrativa. Las ventajas incluyen:

Influencia

El apalancamiento proporciona a los comerciantes oportunidades sustanciales para que puedan comerciar y obtener ganancias. El acceso al apalancamiento determina en gran medida la diferencia entre las ganancias pequeñas y las grandes. En el mercado de divisas, hay más recursos para el apalancamiento que otros mercados y, dependiendo de la ubicación desde la cual trabaja un comerciante, uno puede obtener el recurso que necesita. Un operador puede tener acceso a un margen que admita un apalancamiento de 100: 1 o más para el capital inicial.

Devoluciones Rapidas

El mercado de divisas se mueve muy rápido y la liquidez es muy profunda. Cuando la velocidad, la liquidez y el alto apalancamiento se combinan en el mercado de divisas, crean grandes oportunidades para que el comerciante obtenga ganancias exponenciales en el comercio más que otros mercados. En algunos otros mercados, los comerciantes tienen que esperar mucho tiempo y aún obtener retornos limitados.

Fácil "Venta Corta"

En algunos otros mercados, las ventas cortas pueden requerir que un comerciante tome prestados activos y se exponga a riesgos, pero en el intercambio de divisas, las monedas en ventas cortas tienen un proceso más simple. El cambio de divisas funciona de manera que el comerciante compra una divisa mientras vende la otra. En otras palabras, las monedas se negocian en pares. Los comerciantes especulan las inclinaciones y disminuciones de diferentes monedas, por lo tanto, venden la moneda perdedora y compran el par ganador sin involucrar un proceso de endeudamiento.

Liquidez

Debido a que el mercado de divisas es el mercado más grande del mundo por volumen, hay muchos participantes; por lo tanto, la liquidez para negociar es amplia, especialmente para las principales monedas. La liquidez permite a los comerciantes comprar y vender las monedas rápidamente en cualquier momento; Hay un flujo de comerciantes en el mercado. Un gran número de participantes en el mercado permite al operador realizar transacciones de grandes cantidades de divisas sin desviar demasiado los precios. La liquidez reduce las posibilidades de anomalías y manipulación de los precios, y como tal, los diferenciales se vuelven más estrechos, lo que lleva a una fijación de precios eficiente. Un comerciante no tiene que preocuparse por los precios estancados durante la tarde y la alta volatilidad durante la apertura y el cierre que afectan constantemente a los mercados de renta variable. En el mercado de divisas, un operador puede observar similitudes en los patrones de volatilidad (baja, media y alta), aparte de los momentos en que ocurren los principales eventos.

Falta de Intercambio Central

Teniendo en cuenta que el mercado cambiario de divisas opera a nivel mundial, no existe un intercambio regulatorio centralizado. El mercado funciona como un mostrador, aunque los bancos centrales ocasionalmente interfieren con las operaciones según sea necesario para regularlo. Sin embargo, es muy raro que los bancos centrales de cualquier otra autoridad intervengan a menos que en condiciones extremas. La descentralización y la desregulación del mercado aseguran que los comerciantes estén a salvo de sorpresas repentinas. Muchos de los otros mercados de seguridad están centralizados, por ejemplo, el mercado de acciones. Cuando una empresa que cotiza en el mercado de valores informa repentinamente pérdidas o declara un dividendo, los precios reaccionan repentinamente a la información. Los mercados regulados también tienen mayores posibilidades de información privilegiada en comparación con los mercados de divisas.

Una Variedad de Pares de Divisas para Negociar.

Hay ocho monedas principales que se negocian en el mercado de divisas, y dan como resultado 28 pares de divisas principales que se pueden elegir. Un comerciante puede seleccionar cualquier par y cambiar fácilmente de uno a otro.

Requisitos de Bajo Capital

Un operador puede comenzar a operar en el mercado de divisas con una cantidad baja de capital inicial debido a la estrecha distribución en relación con los pips. En algunos otros mercados, es posible que uno no pueda comerciar sin una gran cantidad de capital. Para congelar la torta de bajo capital, el intercambio de divisas también tiene un margen de negociación y factor de apalancamiento.

Estrategia Técnica

Muchos operadores que se aventuran en bonos y acciones tienen que profundizar en el estado financiero y fundamental de los bonos o emisor de acciones para confirmar que existen posibilidades de obtener una ganancia. Sin embargo, en el mercado de divisas, los comerciantes no tienen que profundizar demasiado, todo lo que necesitan es estudiar los gráficos de precios. El análisis técnico de los gráficos de precios del mercado de divisas ayuda a los comerciantes a identificar sus puntos de entrada y salida. Sin embargo, pueden elegir combinar un análisis técnico y fundamental al seleccionar un comercio.

Mientras que el análisis fundamental requiere obtener información detallada sobre los activos del emisor y la salud y las perspectivas financieras, el análisis técnico requiere observar las tendencias e historias del mercado, por lo tanto, obtener pistas sobre las demandas y la oferta de las monedas.

Sin Manipulación Interna de Precios.

Muchos mercados, como los mercados de valores y los mercados de bonos, pueden verse influenciados por la información mantenida de forma privada por algunos inversores y personas con información privilegiada que tienen intereses en los activos. Esto se debe a que la mayoría de los mercados están centralizados. Los mercados de divisas no están centralizados; por lo tanto, no pueden ser manipulados fácilmente por personas que tienen información privilegiada.

En la mayoría de los casos, los únicos titulares que pueden acceder a información privilegiada en el intercambio de divisas son las autoridades del banco central o los funcionarios gubernamentales, y generalmente están bajo un intenso escrutinio por parte de los sectores público y privado. Como tal, el mercado de divisas es uno de los mercados más transparentes con los que se puede negociar.

Pocas comisiones y honorarios.

Los operadores cobran comisiones costosas y tarifas de negociación ocultas cuando tratan con bonos, fondos mutuos de acciones y otros tipos de instrumentos. Esto hace que el comercio sea muy costoso y reduce las ganancias del comerciante. En el comercio de divisas, los costos de negociación están determinados únicamente por el precio de compra y venta. El precio del diferencial es la diferencia entre la oferta y el precio de venta que los corredores publican claramente en tiempo real. Como tal, un comerciante no tiene que preocuparse por eliminar los gastos generales de rotura. Este aspecto hace que el intercambio de divisas sea más ventajoso para el comercio.

Reglas Tributarias Simples

En muchos otros mercados, los comerciantes tienen que hacer un seguimiento de sus actividades comerciales tanto a corto como a largo plazo para reportar impuestos. Sin embargo, el comercio de divisas en la mayoría de los casos está sujeto a una regla fiscal más simple, por lo tanto, hace que los cálculos de impuestos sean muy fáciles.

Automatización

Los avances tecnológicos han hecho que sea fácil para los operadores de forex comerciar con la mayor facilidad. El comercio se ha adaptado bien a las estrategias comerciales automatizadas, y con algo de entrenamiento, un operador puede obtener los beneficios de los movimientos disponibles. Un operador puede configurar la entrada de programación, las operaciones automatizadas, limitar los precios y detener las pérdidas antes de que incluso realice una operación. El comerciante también puede instruir a la plataforma de negociación para realizar transacciones cuando hay ciertos movimientos de precios o condiciones del mercado.

Cuando un operador identifica una estrategia automatizada bien revisada, puede tener la oportunidad de aprovechar los cambios diarios en el mercado sin tener que esforzarse para mantenerse al día con los movimientos en el mercado.

Se Adapta a Diferentes Estilos Comerciales

El comercio en el mercado de divisas se realiza a todas horas del día, de lunes a viernes, lo que permite a un operador trabajar a su propia conveniencia. Este programa es muy beneficioso, especialmente para los operadores a corto plazo, ya que toman posiciones en un período de tiempo limitado (unas pocas horas o incluso unos minutos). Algunos comerciantes prefieren comerciar durante las horas libres. Las horas fuera se refieren a los momentos en que una zona de intercambio no está tan activa, y la otra está activa. Por ejemplo, cuando es de día en Australia, es de noche en la costa este de los Estados Unidos. Si un comerciante tiene su sede en los EE. UU., es posible que negocie AUD durante las horas de trabajo en los EE. UU. Porque los precios son bastante estables y se espera que ocurra poco desarrollo durante las horas de descanso para la UAD. Los comerciantes que prefieren el comercio fuera de horario adoptan las estrategias de altos volúmenes y bajos beneficios porque tienen un pequeño margen de beneficio. El margen de baja ganancia se debe a la falta de desarrollos en la moneda en particular. Por lo tanto, los operadores fuera de horario intentan compensar el bajo margen de ganancia con las operaciones de alto volumen durante el período de baja volatilidad. Otros estilos comerciales permiten a los comerciantes mantener posiciones durante más tiempo; días a varias semanas.

Desventajas

Aunque el comercio puede parecer fácil a primera vista, algunos desafíos dificultan a los operadores. En algunos casos, los desafíos pueden tener serios efectos adversos en el comerciante.

Volatilidad

Todos los mercados muestran volatilidad en un punto u otro. El mercado de divisas no está excluido de la volatilidad. Los operadores de Forex están expuestos a volatilidades a veces, y si los efectos son negativos, el comercio no será rentable.

El Mercado de Divisas puede Perjudicar a los Pequeños Comerciantes

En un día, el mercado de divisas puede realizar transacciones de hasta 5 billones de dólares. Esa gran cantidad de transacciones se realiza generalmente por las capas principales, como los fondos de cobertura, los bancos y otras instituciones más grandes. Estos actores principales tienen acceso a una gran cantidad de capital, tecnología y también a información que podría darles una ventaja al tomar decisiones; por lo tanto, son naturalmente aventajados. Hasta cierto punto, estos grandes actores pueden influir en el movimiento de los precios en el mercado.

Por otro lado, un pequeño comerciante tendrá que mantenerse alerta y utilizar la información más reciente de la mejor manera posible porque el mercado de divisas se está moviendo muy rápido. La realidad de que los pequeños comerciantes están en desventaja es evidente en casi todos los mercados, pero el mercado cambiario de divisas se ve muy afectado.

El mercado de divisas no está regularizado, y está dominado por corredores. El hecho de que haya muchos corredores hace que sea difícil tener transparencia total. Un comerciante está compitiendo contra profesionales, y es posible que él/ella no tenga voz en la forma en que se cumple el pedido comercial. Es posible que el comerciante tampoco obtenga un buen precio, y solo tendrá acceso a las cotizaciones proporcionadas por el corredor seleccionado. El mejor curso es tratar con los corredores que están bajo los reguladores de los corredores. Aunque el mercado no está regulado, las acciones de los corredores sí lo están.

El Complejo Proceso de la Determinación de Precios.

Las tasas en los mercados de divisas están determinadas por múltiples factores como la política global, el estado económico, entre otros. Algunos de estos factores pueden plantear desafíos al analizar y cuantificar, por lo tanto, un operador puede tener dificultades para sacar conclusiones confiables sobre el comercio. En gran medida, el comercio de divisas se basa en indicadores técnicos (cálculos matemáticos basados en el volumen, el precio o el interés abierto de los valores). Los analistas técnicos analizan los datos históricos y utilizan los indicadores para predecir los movimientos de los precios en el futuro. Si un comerciante hace mal las predicciones, incurrirá en pérdidas.

Protección Reguladora Más Ligera.

Muchos comerciantes e inversores tienen una lista de valores que pueden optar por negociar, y prefieren actuar en transacciones que son rápidas y tienen precios transparentes. Para la mayoría de los valores conocidos, la negociación se lleva a cabo en intercambios formales constituidos por grandes instituciones que establecen las regulaciones y se regularizan para garantizar un mercado activo, un flujo de activos y un buen equilibrio entre la oferta y la demanda.

El mercado de divisas no está centralizado y no tiene una regulación de supervisión fija; por lo tanto, es un mercado de venta libre. El principal desafío con los mercados de venta libre es que el comerciante tendrá que realizar una investigación de diligencia debida para confirmar la reputación y las prácticas comerciales de los corredores antes de abrir una cuenta con ellos.Una vez más, una protección regulatoria más ligera podría poner al comerciante en riesgo porque; dependiendo del país en el que se esté intercambiando, es posible que no tenga forma de recibir una compensación si siente que el corredor le dio un trato injusto.

Menos Retornos Residuales.

Algunos instrumentos comerciales, como los bonos y las acciones, tienen un calendario regular para el pago de dividendos e intereses; por lo tanto, tienen un valor mejorado a largo plazo. Sin embargo, el comercio de divisas tiene como objetivo obtener ganancias de capital inmediatas de un par de divisas cuando una divisa se aprecia. Nuevamente, el intercambio de divisas puede obtener o pagar intereses cuando una posición se mantiene durante la noche. Esto varía dependiendo del país que está emitiendo la moneda.

Resumen de los pros y contras del mercado de divisas.

En gran medida, el mercado de divisas es accesible, potencialmente lucrativo y flexible. El entorno comercial es extenso (en todo el mundo), líquido y transparente, por lo que es bueno para los comerciantes. Cuando uno toma en cuenta los riesgos inherentes del comercio, encontrará que la mayoría de ellos están presentes en todos los otros mercados y actividades comerciales. Como tal, el mercado de divisas ofrece amplias oportunidades para que un operador tenga éxito si está dispuesto a aceptar las características y convenciones inherentes del mercado de divisas.

Capítulo 7: Abrir una Cuenta de Corretaje

Básicamente, las divisas involucran la compra y venta de diferentes monedas en todo el mundo. El número de participantes en este mercado es muy grande; por lo tanto, la liquidez es muy alta. El aspecto más singular del comercio de divisas es que los comerciantes individuales pueden competir contra grandes instituciones como los bancos y los fondos de cobertura; todo lo que hay que hacer es seleccionar la cuenta correcta y configurarla.

Existen diferentes tipos de cuentas, pero los operadores tienen tres opciones principales: mini cuentas, cuentas estándar y cuentas administradas. Cada cuenta tiene sus propias ventajas y desventajas. El tipo de cuenta que uno elige depende de factores como el tamaño del capital inicial, los niveles de tolerancia al riesgo y las horas que tiene que analizar los gráficos diariamente o en diferentes intervalos.

Mini Cuentas Comerciales

En pocas palabras, una mini cuenta es una que le permite al operador realizar transacciones utilizando mini lotes. Para la mayoría de las firmas de corretaje, un mini lote equivale a 10,000 unidades. Eso es igual a 1/10 de una cuenta estándar. Las firmas de corretaje ofrecen mini lotes para atraer a nuevos operadores que aún dudan en operar con cuentas más grandes o que no tienen los fondos de inversión requeridos.

Las ventajas de las Mini Cuentas incluyen bajo riesgo, bajo capital requerido y flexibilidad. El comerciante puede comerciar en incrementos de 10,000 unidades; por lo tanto, si él/ella no tiene experiencia, él/ella no tiene que preocuparse por soplar a través de su cuenta y capital. Los comerciantes experimentados pueden usar cuentas mini para probar nuevas estrategias sin un riesgo excesivo. Se puede abrir una mini cuenta con tan solo $ 100, $ 250 o $ 500 y el apalancamiento puede llegar hasta 400: 1. Un plan de gestión de riesgos es la clave para un comercio exitoso y en el caso de seleccionar lotes; un comerciante puede minimizar el riesgo comprando una cantidad de mini lotes para minimizar el riesgo. Recuerde que un lote estándar es igual a unos 10 mini lotes y la diversificación reduce el riesgo.

La principal desventaja de las mini cuentas es una baja recompensa. Cuanto menor sea el riesgo, menor será la recompensa. Una cuenta de mini lotes solo puede generar $ 1 por movimiento de pip si se negocia con 10000 lotes. En una cuenta estándar, un movimiento de pip equivale a $ 10.

Un subconjunto de la cuenta mini es la cuenta micro que ofrece un intermediario en línea. Esta cuenta tiene muy poco riesgo y también muy poca recompensa. El comercio es de 1000 unidades de moneda base, y un movimiento de pip gana o pierde 10 centavos. Estas cuentas son más adecuadas para los comerciantes que tienen muy poco conocimiento sobre el comercio de divisas, y se puede abrir con tan solo 25 dólares.

Cuentas Comerciales Estándar

Las cuentas comerciales estándar son las más comunes para los comerciantes, especialmente los experimentados. Estas cuentas le dan al comerciante acceso a una gran cantidad de monedas con un valor de 100,000 unidades cada una. Esto, sin embargo, no significa que un comerciante tenga que poner $ 100,000 en la cuenta como capital para poder realizar transacciones. Las reglas de apalancamiento y margen significan que todo lo que necesita un operador es $ 1000 para tener una cuenta de margen.

La principal ventaja de esta cuenta es la gran recompensa que se puede obtener con la estrategia y las predicciones correctas. Un movimiento de pip gana $ 10. Nuevamente, los individuos que poseen dichas cuentas obtienen mejores servicios y ventajas debido a la inversión de capital inicial en la cuenta.

Las desventajas incluyen un alto capital inicial y un potencial de pérdida. El tipo de capital requerido para establecer una cuenta estándar puede disuadir a muchos comerciantes de aventurarse en ella. Nuevamente, cuanto mayor es el riesgo, mayor es el rendimiento y viceversa. Un operador de cuenta estándar tiene un mayor riesgo de pérdida porque si un lote cae con 100 pips, pierde $1000. Tal puede ser devastador para los comerciantes principiantes.

Cuentas Comerciales Administradas

Las cuentas administradas son cuentas en las que uno pone el capital pero no toma las decisiones de vender o comprar. Dichas cuentas son manejadas por administradores de cuentas, como corredores de bolsa y administradores de bolsa. En este caso, los comerciantes establecen objetivos para los gerentes (los retornos esperados, la gestión de riesgos) y los gerentes deben cumplirlos.

Las cuentas administradas se clasifican en dos tipos principales, a saber: Fondos Compartidos y Cuentas Individuales. En los fondos mancomunados, el dinero de diferentes inversores se coloca en un vehículo de inversión denominado fondo mutuo y las ganancias generadas se comparten. Las cuentas se clasifican según la tolerancia al riesgo. Si un operador está buscando rendimientos más altos, él/ella puede poner su dinero en una cuenta de alto riesgo/recompensa, mientras que aquellos que buscan un ingreso estable a largo plazo pueden invertir en cuentas de menor riesgo. Bajo las cuentas administradas, las cuentas individuales son administradas por un corredor cada una en su propia capacidad, a diferencia de los fondos agrupados donde el administrador usa todo el dinero en conjunto.

La principal ventaja de las cuentas administradas es que uno recibe asesoramiento y orientación profesional. Un experimentado administrador de cuentas de forex profesional tomará las decisiones, y este es un beneficio que uno puede usar. Nuevamente, un comerciante puede comerciar sin tener que pasar horas analizando los gráficos y observando los desarrollos.

Una desventaja que disuade a los comerciantes de aventurarse en esta cuenta es el alto precio. Se debe tener en cuenta que la mayoría de las cuentas administradas requieren que se ingresen al menos $2000 en la cuenta agrupada y $ 10000 para las cuentas individuales. Para aumentar este costo, los gerentes tienen derecho a una comisión que se calcula de forma mensual o anual. Las cuentas administradas también son muy inflexibles para el comerciante. Si él/ella ve una oportunidad para intercambiar, no podrá hacer un movimiento pero dependerá de que el gerente decida.

Nota

Es recomendable que un comerciante utilice las cuentas de demostración ofrecidas por los corredores antes de invertir en dinero real, independientemente de la cuenta que opte por usar. Las cuentas de demostración permiten practicar sin riesgo y también probar diferentes estrategias. Una regla que todo comerciante debe aplicar es nunca invertir en una cuenta real a menos que estén completamente satisfechos con ella. Una de las principales diferencias entre el éxito y el fracaso en el intercambio de divisas es la cuenta seleccionada.

Abrir una Cuenta

El intercambio de divisas ha existido durante muchos años, y algunos dicen que es tan antiguo como la invención de las monedas nacionales. A lo largo de los años, el mercado ha crecido tanto que es el mercado más grande del mundo. Sin embargo, no ha sido accesible al público tan fácilmente como lo es hoy. Desde la década de 1990, cuando comenzó la era de internet, muchos corredores de forex minoristas han establecido rutas a través de las cuales cualquiera puede comerciar con divisas, siempre que puedan acceder a internet y tener algo de dinero. Hay un montón de exageraciones e información sobre el comercio de divisas en Internet, pero no todos entienden cómo seleccionar y abrir una cuenta.

Actualmente, abrir una cuenta de divisas se ha vuelto tan fácil como abrir una cuenta bancaria u otro tipo de cuenta de corretaje. Algunos de los requisitos típicos son un nombre, número de teléfono, dirección, correo electrónico, contraseña, tipo de moneda de la cuenta, país de ciudadanía, fecha de nacimiento, estado laboral e identificación fiscal o número de Seguro Social. Abrir una cuenta también puede requerir que uno responda algunas preguntas financieras, como su patrimonio neto, ingresos anuales, objetivos comerciales y experiencia comercial. Antes de comenzar a comerciar en el mercado de divisas, deben realizar algunas consideraciones para garantizar que tengan una experiencia positiva, segura y exitosa.

El Corredor Adecuado

El primer paso para negociar bien es encontrar el corredor adecuado. Las actividades de intercambio de divisas son descentralizadas, y casi no hay regulaciones. Debido a la naturaleza de venta libre, se aconseja a los comerciantes identificar un corredor confiable. Esto implica realizar investigaciones sobre la reputación del corredor; identificar si existe un historial de prácticas irregulares. También es posible que desee comprender de manera integral los servicios ofrecidos por el corredor en particular antes de configurar una cuenta. Mientras que algunos corredores de bolsa admiten actividades básicas y simples, otros ofrecen plataformas comerciales muy sofisticadas. Algunos corredores ofrecerán al analista recursos analíticos para apoyar una mejor toma de decisiones, mientras que otros no lo harán.

Una vez más, un comerciante debe evaluar los honorarios y comisiones para diferentes corredores. La mayoría de los corredores cobran algunas tarifas por sus servicios a través del margen de oferta y demanda y, en muchos casos, no es un porcentaje elevado. Sin embargo, algunas correos tienen otras tarifas y comisiones, y pueden estar ocultas para el comerciante. Cuando uno está considerando los costos adicionales, él/ella debe comprobar si vale la pena.

El Procedimiento

Abrir una cuenta de divisas no es difícil, pero los operadores deben tener algunas cosas para comenzar. El comerciante deberá proporcionar cierta información de identificación, como nombre, número de teléfono, país de origen, etc. Además, el comerciante deberá indicar sus intenciones comerciales y su nivel de conocimiento y experiencia en el comercio. Los pasos para abrir una cuenta pueden variar según la firma de corretaje, pero normalmente implica:

- Accediendo al sitio web del broker y estudiando las cuentas disponibles. Las cuentas incluyen cuentas pequeñas en las que el comerciante puede comerciar con capital mínimo, como mini cuentas o las cuentas sofisticadas diseñadas para comerciantes experimentados, como la cuenta de operaciones estándar.
- Completando un formulario de solicitud,
- Registrarse (nombre de usuario y contraseña) para acceder a la cuenta.
- Inicie sesión en el portal del cliente y solicite una transferencia de dinero del banco a la cuenta de forex. Estos depósitos pueden hacerse a través de tarjeta de crédito o débito, cheques o transferencias electrónicas.
- Una vez que se transfieren los fondos, el comerciante está listo para comenzar a operar. Antes de comerciar, el comerciante puede revisar las recomendaciones hechas por los corredores o los servicios adicionales ofrecidos, como los programas de simulación.

El Uso de Márgenes.

Una vez que un operador ha abierto una cuenta, debe decidir si aplica un margen o no. Un margen es un movimiento de apalancamiento mediante el cual el corredor le ofrece al comerciante un préstamo para aumentar el capital disponible. Un corredor puede ofrecer un margen sobre el capital para cualquier tasa entre 50: 1 y 400: 1 dependiendo del país desde el que operan. La cantidad que un comerciante desea en términos de margen determinará la cantidad de capital que depositará en la cuenta.El depósito actúa como garantía de las actividades comerciales. Es cierto que los márgenes aumentan los beneficios potenciales, pero se debe advertir que también aumentan los riesgos. En caso de pérdida, el comerciante deberá cubrir los costos, incluso si están más allá de la inversión inicial.

Capítulo 8: Análisis Técnico

En el comercio de divisas, el análisis técnico se refiere al marco utilizado por la mayoría de las operaciones para estudiar el movimiento de los precios, especialmente para los operadores a corto plazo. La teoría detrás del análisis técnico es que uno puede predecir las condiciones comerciales actuales y los posibles movimientos futuros de precios a partir del análisis de los movimientos de precios pasados. En teoría, el principal soporte del análisis técnico es que los precios absorben toda la información del mercado. Por lo tanto, si los precios reflejan toda la información que ha afectado al comercio, entonces se puede usar la acción del precio para el comercio. La historia tiende a repetirse, y el análisis técnico sigue el dicho. Los analistas técnicos estudian los gráficos y la historia para identificar los patrones que son similares, y los operadores utilizan la información con la creencia de que las monedas actuarán de la misma manera que en el pasado.

El análisis técnico implica estudiar las acciones de precios pasadas en un esfuerzo por identificar similitudes y sacar conclusiones sobre los posibles movimientos futuros. La naturaleza del mercado de divisas es que opera las 24 horas del día, por lo tanto, hay mucha información y datos que uno puede usar para analizar los movimientos futuros de los precios. La información utilizada durante el análisis técnico es estadística y los datos que se analizan pueden visualizarse y cuantificarse utilizando gráficos y tablas. Los comerciantes y analistas utilizan indicadores, estudios técnicos y otras herramientas de análisis para recopilar la información. En resumen, el análisis técnico sigue dos cosas: 1) identificar las tendencias y 2) identificar la resistencia/apoyo a través del análisis de los marcos de tiempo en la tabla de precios. El mercado de divisas solo puede moverse en tres direcciones: hacia arriba, hacia abajo o hacia los lados. Los precios normalmente siguen una tendencia errática y, en consecuencia, la acción del precio solo puede tener dos estados; el rango y la tendencia. El rango es cuando el zigzag del precio se mueve hacia los lados mientras que la tendencia es cuando el zigzag sube (tendencia alcista/tendencia al alza), o cuando baja (tendencia a la baja /tendencia bajista)

La Importancia del Análisis Técnico

La principal importancia del análisis técnico es que un comerciante puede determinar dónde y cuándo entrar o salir del mercado y más aún lo último. Algunas personas dicen que no se puede obtener ningún valor al analizar los precios históricos. Dichos operadores siguen la teoría de la caminata aleatoria según la cual todos los mercados son eficientes y responden a los cambios de manera aleatoria. Por lo tanto, uno no puede predecir el futuro. Los grandes inversores, incluido Warren Buffett, disputan fuertemente la teoría de la caminata aleatoria y afirman que es casi imposible que los mercados sean completamente efectivos. Las ineficiencias son los creadores de oportunidades que ayudan a los comerciantes a capitalizar el movimiento de precios en el comercio de divisas. Analizar la acción del precio utilizando herramientas de análisis técnico nos ayuda a tomar decisiones más informadas mientras se realiza el comercio.

Los mercados financieros, como las divisas, no son fáciles de analizar. Estos mercados están fuertemente influenciados por una amplia selección de factores, como las políticas monetarias realizadas por los bancos centrales, las políticas fiscales gubernamentales y otros factores internos determinados por los consumidores y los productores. Analizar todos los diferentes factores e identificar cómo la influencia de los activos en el mercado puede ser una tarea difícil. Es igualmente importante que notemos la facilidad con la que un operador puede cometer errores al analizar una gran cantidad de factores. Esto afecta particularmente a los comerciantes inexpertos y aquellos que tienen un enfoque y tiempo limitados. El análisis técnico ayuda al comerciante a centrarse en una sola pieza de datos cruciales, que es el movimiento del precio. El análisis luego ofrece a los comerciantes una forma de juzgar los gráficos, identificar posibles configuraciones comerciales y gestionarlas.

Indicadores del Análisis Técnico

Los indicadores técnicos se utilizan para analizar matemáticamente la conexión entre diferentes elementos en un gráfico para ayudar a los comerciantes a predecir los precios futuros. Muchas plataformas comerciales tienen los indicadores programados en sus cuerpos. Los indicadores de análisis técnico más populares incluyen:

- Indicadores de tendencia: índice direccional promedio (ADX), promedio móvil (MA), promedio de convergencia/divergencia (MACD), Ichimoku Kinko Hyo e indicador parabólico de SAR
- Momento: índice de fuerza relativa (RSI), rango de % de Williams (% R) y oscilador estocástico
- Volumen: índice de flujo de dinero, volumen en balance y línea de acumulación/distribución
- Volatilidad: Promedio de rango verdadero (ATR), desviación estándar y bandas de Bollinger (BB)

Cómo un Comerciante Puede Utilizar el Análisis Técnico

Una de las teorías del análisis técnico es que todos los mercados son caóticos; por lo tanto, nadie está seguro de los cambios que ocurrirán a continuación, pero los patrones de movimiento de precios no son absolutamente aleatorios. Es decir, en cada situación caótica hay un patrón identificable que se repite en la mayoría de los casos (teoría matemática del caos).

El tipo de comportamiento caótico observado en el mercado de divisas puede ilustrarse como en el pronóstico del tiempo. Nadie puede decir con certeza que ciertas condiciones precederán, pero pueden identificar las probabilidades y usarlas para sacar conclusiones casi verdaderas. Un comerciante admitirá que no tiene garantías para predecir los verdaderos movimientos de los precios. Como tal, uno debe entender que el comercio exitoso no se trata solo de acertar con precisión, se trata de determinar las probabilidades y hacer intercambios cuando las probabilidades son favorables. Una parte de la determinación de las probabilidades implica predecir la dirección esperada del mercado. El siguiente paso consiste en predecir los puntos de entrada y salida. Sin embargo, el comerciante no debe olvidar la relación riesgo-recompensa.

Aunque los operadores utilizan los indicadores de análisis técnico, ninguna combinación mágica puede garantizarle a un comerciante las ganancias a tiempo completo. Algunos de los secretos identificados por los comerciantes y analistas como claves para el éxito del comercio incluyen buenos programas de administración de riesgos, la capacidad de mantenerse racional y la disciplina de alto nivel. Todo comerciante puede predecir correctamente y ganar, pero no siempre será así. Si un operador no tiene una buena estrategia de gestión de riesgos, no se mantendrá rentable a largo plazo, incluso si realiza un análisis técnico exhaustivo.

Capítulo 9: Análisis Fundamental

En el mercado de divisas, el análisis fundamental se refiere al acto de comerciar en el mercado basado en el análisis de los aspectos globales que determinan la demanda y la oferta de divisas. Un número considerable de comerciantes utilizan el análisis fundamental y el análisis técnico para disuadir cuándo y dónde comerciar. Sin embargo, los operadores tienden a favorecer a uno sobre el otro en función de sus planes y objetivos de inversión individuales. Para ser precisos, el análisis fundamental estudia aspectos como las fuerzas políticas, las fuerzas económicas y las fuerzas sociales que pueden afectar el activo. A muchos comerciantes les resulta fácil predecir el movimiento de los precios mientras utilizan la oferta y la demanda como un indicador. En términos más simples, el operador que utiliza el análisis fundamental debe identificar las economías que están floreciendo y las que están estancadas. Como tal, el comerciante debe conocer los por qué y cómo un aspecto afectará al comercio, por ejemplo, las tasas de desempleo. Las tasas de desempleo afectan la economía y las políticas monetarias implementadas por el gobierno y los bancos centrales, por lo tanto, afectan los niveles de demanda y oferta de la moneda de la nación en todo el mundo.

Los comerciantes que utilizan el análisis fundamental prestan atención al estado general de la economía de una nación e identifican factores como el PIB, las tasas de interés, el comercio internacional, la manufactura y el comercio internacional, entre otros. El impacto de estos factores en la moneda afecta el precio de la moneda en el comercio de divisas. La conclusión del análisis fundamental en el mercado de divisas y también en otros mercados es que un activo puede tener un precio que difiere de su valor real. En consecuencia, los mercados pueden fijar precios erróneos, subvalorar o sobrevalorar un activo en el corto plazo. Los analistas fundamentales afirman que a pesar de una cita errónea de la moneda, un activo aún volverá a su precio real, indicando su valor real. Entonces podemos decir que la línea de fondo de los operadores que utilizan el análisis fundamental para evaluar los activos están buscando oportunidades de negociación a través del análisis del valor del activo, el precio actual y la posibilidad de cambio.

La principal diferencia entre el análisis fundamental y el análisis técnico es que el análisis fundamental presta atención a todos los demás factores que afectan el comercio, aparte del precio, mientras que el análisis técnico se centra únicamente en el precio. Como tal, el análisis técnico es muy útil para los traders a corto plazo, como los que operan a diario, mientras que el análisis fundamental es beneficioso para los traders a largo plazo, como los que operan en el swing. El análisis de los factores fundamentales del tipo de cambio responde a las preguntas a largo plazo.

Herramientas del Análisis Fundamental

El análisis fundamental se realiza a través de una herramienta diferente, y los más utilizados incluyen los medios de noticias financieros, el calendario económico y los datos históricos fundamentales. Los medios de noticias financieros ofrecen podcasts de noticias que actualizan a los comerciantes de cualquier desarrollo geopolítico y económico importante. Eso podría afectar al mercado directa o indirectamente.

El calendario económico ayuda al comerciante a evaluar los cronogramas de la fecha y la hora de la publicación de los datos, ya sean mayores o menores, que podrían afectar a las monedas.

Los datos históricos fundamentales son útiles para el comerciante porque les permite determinar las tendencias en los indicadores. Los operadores también pueden analizar cómo reacciona una moneda ante cierta publicación de información económica. Esto se puede hacer analizando el comportamiento de la moneda a raíz de versiones y decisiones similares anteriores.

También hay otras fuentes que uno puede usar para basar su opinión e incluyen los bancos centrales, el clima y la estacionalidad.

Los bancos centrales son probablemente una de las fuentes más cargadas de negociación fundamental. Esto se debe a que tienen una larga lista de acciones que pueden tomar en finanzas, por ejemplo, cambiando las tasas de interés (subiéndolas o bajándolas), manteniendo las tasas, haciendo sugerencias sobre los posibles cambios, la introducción de nuevas políticas, la revaluación. de la moneda entre otras. El análisis fundamental de los bancos centrales por lo general implica analizar detenidamente los discursos y las declaraciones de los bancos centrales y tratar de predecir sus próximos movimientos.

Uno podría preguntarse cómo el clima afecta el intercambio de divisas, sin embargo, parecen no estar relacionados en todos los sentidos. Hay tipos de clima que pueden afectar las monedas en diferentes países. Por ejemplo, en la temporada de invierno, una tormenta de nieve en un país puede elevar los costos del gas natural porque habrá una gran demanda de calefacción en las casas. Además, ciertas situaciones climáticas afectan el valor del bien, por ejemplo, sequías, huracanes, inundaciones y tornados. Algunos de estos eventos climáticos son impredecibles en gran medida, pero no estaría mal que uno verifique los canales meteorológicos e identifique el desarrollo del tiempo.

La estacionalidad podría estar relacionada con el clima, pero en este caso, se trata de algunos factores no relacionados con el clima. La estacionalidad significa un período o más bien una serie de tiempo. En el comercio, algunas temporadas son buenas para vender, mientras que otras son buenas para mantener activos. Por ejemplo, en diciembre, muchos inversionistas venden sus valores si han estado declinando durante todo el año para poder reclamar pérdidas de capital en impuestos. A veces, es beneficioso para un comerciante salir de una posición antes de que comience la liquidación al final del año. Otras temporadas incluyen el comienzo del año (efecto de enero) y el final del mes (reequilibrio de fin de mes).

Indicadores del Análisis Fundamental

Hay muchos indicadores utilizados en el análisis fundamental, y varían según la nación. Los operadores de divisas utilizan los indicadores para evaluar el estado actual y futuro de la economía en el país. Algunos de los indicadores incluyen; producto interno bruto, balanza comercial, cuenta de divisas, datos de empleo, inflación y ventas minoristas. Algunos de estos indicadores pueden ayudar al comerciante a idealizar el aspecto que tendrá la futura versión. Nuevamente, algunos de los indicadores llevan a otros a señalar el repunte o desaceleración de la economía. Incluyen números de pedidos de bienes duraderos, índice de precios al productor y encuestas de gerentes de compras.

Algunos de los eventos geopolíticos que pueden afectar el mercado de divisas incluyen las elecciones, la guerra, el cambio de poderes y los desastres naturales.

Análisis Fundamental: Trading en las Noticias

Algunos operadores que utilizan el análisis fundamental siguen las publicaciones de datos y las noticias económicas para iniciar (ingresar) o liquidar (salir) las operaciones a corto plazo. Basan su decisión en los resultados del lanzamiento. Puede parecer fácil negociar con noticias fundamentales, pero un comerciante debe ser consciente de que, en la mayoría de los casos, el mercado no reacciona como se espera. Varias veces, el mercado irá en la dirección opuesta a lo que anticiparon los operadores.

Al negociar en las noticias, los comerciantes utilizan estrategias de volatilidad que involucran la venta y compra de opciones. Las opciones ayudan a mantener una posición neutral, por lo tanto, apreciándose independientemente de la dirección en que se mueva el mercado.

Los comerciantes también aprovechan la volatilidad relacionada con las noticias cuando comercian con los fundamentales al establecer una posición corta y larga en un par y luego cierran cada lado cuando se publica la noticia.

Muchos operadores profesionales evitan ocupar una gran posición justo antes de un lanzamiento económico significativo. Esto se debe a que la volatilidad asociada con el comunicado de prensa podría iniciar posiciones de parada en cualquier lado.

El análisis fundamental del comercio permite a un operador tener una comprensión más profunda de las formas en que el mercado reacciona a los eventos. La combinación del análisis técnico y la información fundamental le da al comerciante una ventaja sobre los comerciantes que utilizan un método.

Acercamiento al Análisis Fundamental

Tenga en cuenta que los precios de los tipos de cambio están influenciados por los datos microeconómicos y macroeconómicos, los eventos geopolíticos y los vínculos. Como se vio anteriormente, los factores incluyen el PIB, las estadísticas de empleo, las balanzas comerciales y las tasas de interés, entre otros.

Análisis de Arriba hacia Abajo

El análisis de arriba hacia abajo comienza con un análisis de los factores generales de macroeconomía y agregados de datos que funcionan a la baja. Los comerciantes reducen y refinan las búsquedas solo a los pares que presentan un potencial de ganancia.

Análisis de abajo hacia arriba

A diferencia del análisis de arriba hacia abajo, el análisis de abajo hacia arriba comienza con el análisis del par de monedas y luego aumenta la información macroeconómica agregada.

Tasas de Interés y Balanza Comercial.

Estos son algunos de los principales impulsores de la moneda y sus precios. Por ejemplo, si un país tiene una balanza comercial excedentaria, significa que la demanda de servicios y bienes es muy alta. En consecuencia, habrá una mayor demanda de la moneda de las naciones, aumentando así el valor relativo. Además, las tasas de interés relativas más altas resultan en entradas de efectivo, por lo tanto, elevan el valor de la moneda.

Fuerzas que Impulsan la "Demanda y Oferta".

Estas fuerzas tienen un impacto significativo en la forma en que se valoran los productos. Por ejemplo, una guerra internacional puede llevar a una mayor demanda de los metales utilizados para fabricar municiones y armamentos, por lo tanto, elevando los precios.

Capítulo 10: Estrategias Simples del Swing Trading en Forex

El comercio de swing o Swing Trading es un estilo comercial, preferido por muchos comerciantes minoristas porque, en primer lugar, contienen estrategias de entrada y salida que no requieren que uno siga revisando los gráficos cada pocos minutos u horas y, en segundo lugar, es una estrategia a largo plazo. El estilo de negociación es muy adecuado para personas con vidas ocupadas o incluso trabajos de tiempo completo, por lo tanto, no pueden permitirse ver los gráficos cada dos minutos.

Los comerciantes que utilizan la técnica de negociación de swing pueden utilizar marcos de tiempo en los gráficos desde tan solo 5 minutos a una hora. Los operadores de swing pueden combinar el análisis fundamental y el técnico para sacar conclusiones y tomar decisiones. Hasta cierto punto, no importa si el mercado tiene una tendencia a largo plazo y/o si el mercado tiene un rango limitado porque el operador de divisas no mantendrá las posiciones el tiempo suficiente para que estos factores cuenten.

Sin embargo, la volatilidad hace diferencias significativas para los operadores de swing porque los mercados altamente volátiles se adaptan mejor a ellos. Cuanto mayor sea la volatilidad, mayor será el número de movimientos en el corto plazo. Como tal, el comerciante tiene muchas oportunidades para colocar su oficio. El comercio de swing tiene una serie de beneficios que incluyen beneficios de liquidez, volatilidad suficiente para crear oportunidades comerciales y marcos de tiempo relativamente cortos para obtener ganancias.

Algunos operadores consideran que los intercambios extremadamente a corto plazo son agotadores debido a la cantidad de tiempo empleado en el monitoreo. También encuentran que el comercio a largo plazo es demasiado aburrido y no lo suficientemente activo con demasiada demanda de paciencia. Como tales, se conforman con el comercio de swing porque es más fácil de usar y tiene marcos de tiempo amigables. Los principiantes también prefieren este tipo de comercio y lo prueban con cuentas de demostración antes de entrar en el negocio real.

En el comercio de divisas, ciertas técnicas y estrategias funcionan bien juntas para obtener una ganancia para el operador. Recuerde que el Swing Trading no es solo un estilo de trading sino también una estrategia. Dentro de este estilo, hay diferentes estrategias que un comerciante puede usar para intercambiar con seguridad. Tenga en cuenta que el comercio de swing opera en marcos de tiempo medianos y cortos; es decir, entre la negociación diaria que requiere un período de tiempo muy corto y la negociación de posicionamiento que requiere un plazo muy largo. La cuestión es que el comercio de swing es lo suficientemente corto como para crear muchas oportunidades para los operadores, pero no tan corto como para que el comerciante tenga que permanecer pegado a los gráficos. Las siguientes estrategias no son estrictamente para el comercio de swing, a diferencia de otras estrategias técnicas.

Los conceptos principales detrás de las estrategias de comercio de swing son la resistencia y el apoyo. Estos conceptos permiten elegir entre dos decisiones; o seguir la tendencia o ir en contra de la tendencia. Las estrategias en contra de la tendencia buscan obtener ganancias cuando los niveles de resistencia y apoyo se mantienen. Por otro lado, las estrategias de seguimiento de tendencias identifican periodos en los que los niveles de resistencia y apoyo se desglosan. En ambos casos, es importante que un comerciante pueda reconocer visualmente una acción del precio. Recuerde que los mercados no siguen una línea recta. Incluso cuando los mercados son tendencias en última instancia, tienden a moverse a pasos agigantados como movimientos de arriba hacia abajo. Cuando el mercado establece un nivel más alto, los operadores reconocen una tendencia alcista, y cuando el mercado establece un mínimo más bajo, los operadores reconocen una tendencia bajista. Como tal, la mayoría de las estrategias de intercambio comercial buscan capturar y seguir una tendencia a corto plazo. En otras palabras, un comerciante de swing buscará una tendencia, luego esperará una contra tendencia y, una vez que la tendencia se haya desarrollado, entrará en el mercado.

Candelabro del Comercio de Divisas

Se recomienda a la mayoría de los comerciantes principiantes que busquen formaciones particulares de velas que se alineen con la resistencia y el soporte. Este estilo dicta que uno tiene que ser muy cuidadoso y selectivo sobre el oficio que elige y mantenerse al margen hasta que todo parezca perfecto. Este estilo tiene la posibilidad de obtener ganancias, pero a muchas personas les resulta difícil hacer más que solo un pequeño margen de ganancia. Hay varias razones por las que las personas no obtienen muchos beneficios con este estilo. Primero, es muy difícil encontrar una configuración que se vea perfecta; por lo tanto, los comerciantes dejarán pasar muchas oportunidades. En segundo lugar, el estilo tiene efectos muy difíciles en la psicología del comerciante porque él/ella tiene que sentarse a un lado y ver cómo un movimiento bueno se pierde.

En consecuencia, el comerciante puede tener dedos que pican en el comercio y sumergirse demasiado profundo. En tercer lugar, cuando se usa solo, el análisis de velas es casi inútil. Se utiliza en combinación con resistencia, soporte, hora del día, tendencia y otros factores.

Todos los factores mencionados son más poderosos en sí mismos que los candeleros, y sin embargo, se enseña al comerciante a centrarse en el candelabro antes que cualquier otra cosa. Otra debilidad del análisis de candelabro es que ignora los factores cuantitativos y fundamentales.

Tendencias del Comercio

El comercio de tendencias se identifica como una de las formas más sencillas y naturales o de beneficio en el mercado minorista. La dificultad con el comercio de tendencias es que hay muchos conceptos erróneos que lo rodean. Esto se debe a la mala aplicación de los métodos de análisis que están destinados a las acciones y otros productos básicos. Los pares de divisas en el mercado de divisas tienden a moverse a una velocidad más baja que otras materias primas y acciones y, como tal, la aplicación de estrategias tradicionales de ruptura de tendencias sin discriminación resultará en pérdidas a su debido tiempo.

Los operadores que aplican el swing normalmente buscan cerrar las operaciones ganadoras en uno o pocos días después de la transacción inicial. Esto plantea un desafío cuando uno trata de aplicar una estrategia de negociación de tendencia al corto período de tiempo porque las ganancias de la negociación de tendencia se generan a partir de los grandes ganadores después de que se les permite correr.

Los comerciantes deben saber que el mercado de divisas dedica más tiempo al alcance que a la tendencia. Incluso en aquellos casos en que los mercados están en tendencia, todavía se encuentran en cierta medida dentro de la tendencia con muchos retrocesos. El rango se denomina "inversión de la media" en términos técnicos, y esto significa que los precios tienden a volver a la media. (Volver a la media).

Estrategia de la Banda de Bollinger

La estrategia de la banda de Bollinger se define como la estrategia de comercio de continuación que utiliza el indicador técnico denominado promedio móvil de 20 períodos para identificar la dirección de la tendencia. Estas bandas son buenas para medir la volatilidad del instrumento que se está negociando, y se utiliza para formar una base de negociación de swing en el mercado de divisas.

El indicador de bandas de Bollinger consta de tres líneas: banda inferior, banda superior y banda media. Cuando un comerciante o un analista está utilizando la configuración de la banda de Bollinger para la estrategia, las tres líneas representan;

- La línea superior : dos desviaciones estándar de la media móvil a la parte superior
- La línea media es el promedio móvil de 20 períodos.
- La línea inferior : dos desviaciones estándar de la media móvil a la baja (línea media)

Un comerciante puede intentar cambiar la configuración de la banda en la búsqueda o la configuración perfecta, pero casi no existe tal cosa. Por lo tanto, cualquiera que le diga que está vendiendo la mejor configuración está siendo deshonesto.

La teoría detrás de la banda de Bollinger es que las dos bandas (superior e inferior) contienen acción del precio. Esto significa que cualquier movimiento de precios que toque o supere la banda superior o inferior indica una mayor volatilidad en el mercado.

Las Reglas Comerciales de la Banda de Bollinger

Comercializando el soporte y la resistencia de las líneas de banda.

Un comerciante puede usar las bandas superior e inferior como indicadores de soporte y resistencia mediante los cuales; Si el precio toca las bandas inferior y superior y se invierte, eso indica la probabilidad de un movimiento importante.

Intercambiando las líneas horizontales fijas combinadas con las líneas de banda.

En este método, el comerciante busca la resistencia horizontal y los niveles de soporte que coinciden con los precios que están tocando la banda superior e inferior. El comerciante debe asegurarse de que el precio se haya invertido en este nivel de soporte o resistencia al menos una vez. Esto hace que la señal de comercio sea confiable.

Negociando la ruptura

Al intercambiar las rupturas, un comerciante debe observar el proceso de tendencia a medida que atraviesan las bandas inferiores y superiores de Bollinger. El comerciante también debe asegurarse de que el candelabro esté cerrado por encima de la línea superior antes de ingresar y que cierre por debajo de la línea inferior antes de salir. Esta técnica funciona mejor en un mercado de tendencias.

Cambiando el apretón

En primer lugar, el precio debe estar empujando entre las bandas inferior y superior. Bajo tales circunstancias, el mercado tiene baja volatilidad. El comerciante debe esperar los desgloses que pueden ser hacia arriba o hacia abajo. La banda de Bollinger ayuda a un comerciante a identificar el impulso y capitalizar la ruptura que se produce después. Uno puede colocar una orden de detención pendiente en los dos lados a la derecha fuera del apretón. Estas órdenes de detención se activarán una vez que ocurra la ruptura. Cuando se activa una orden de parada, el comerciante puede cancelar la otra. El comerciante debe colocar una orden de pérdida limitada a mitad de camino a través de la compresión o en el otro lado.

Otro estilo de negociación con la compresión de la banda de Bollinger que un comerciante puede usar es esperar la ruptura, una vez que sucede, esperar a que el precio se revierta hasta que toque la banda media y luego ingresar la orden.

Capítulo 11: Estrategias que Funcionan en el Day Trading Forex

Las estrategias de transacciones diarias son muy importantes cuando se busca capitalizar movimientos de precios pequeños pero frecuentes. Las estrategias efectivas y consistentes dependen de un análisis técnico completo, utilizando indicadores, cuadros y patrones para anticipar futuros movimientos de precios.

Para los comerciantes principiantes; antes de que alguien pueda instalarse en el complejo mundo de indicadores extremadamente técnicos, debe prestar atención a los conceptos básicos de las estrategias de negociación simples. Si bien muchas personas creen que se necesita una estrategia altamente compleja para ganar en el comercio del dia, las técnicas sencillas son más efectivas.

Las Bases

Una buena estrategia debe incorporar los siguientes factores:

Gestión del Tiempo

En el comercio diario, uno no debe esperar ganar una fortuna si no puede abogar por un tiempo amplio en un día para analizar los gráficos y la nueva información. Los comerciantes deben administrar su tiempo de manera tal que tengan suficiente tiempo para monitorear los mercados e identificar las oportunidades comerciales constantemente.

Administración del Dinero

Antes de que el comerciante se aventure en los mercados de divisas, él/ella debe decidir la cantidad de fondos que está dispuesto a arriesgar. Al considerar esto, los comerciantes deben recordar que los comerciantes más exitosos no pondrán en riesgo más del dos por ciento del capital en una sola operación. De cualquier manera, el comerciante tiene que prepararse para algunas pérdidas si quiere estar en el momento en que comienzan las victorias.

Empieza Poco a Poco

Mientras un comerciante esté tratando de encontrar sus pies en el mercado de divisas, debería mantener unas pocas acciones, preferiblemente 3 por día. Es mejor si un comerciante se hace realmente bueno en unos pocos intercambios que sea el promedio en todas las acciones y sin ganar dinero.

Educación

En una estrategia, el comerciante debe asegurarse de que incorpora movimientos educativos. Comprender las complejidades del mercado no es todo lo que uno necesita para seguir ganando, un comerciante debe mantenerse informado y actualizado.Todas las noticias y eventos del mercado que puedan afectar los activos deben analizarse bien, por ejemplo, los cambios en la política económica. Muchos recursos y materiales mantienen a uno al tanto.

Sincronización

El mercado de divisas se vuelve volátil principalmente durante las horas de apertura de cada día, y los operadores experimentados pueden analizar los patrones y las ganancias. Sin embargo, es recomendable que uno no haga un movimiento durante los primeros 15 minutos, incluso cuando las probabilidades parecen ser buenas, el operador debe atenerse a su tiempo.

Componentes que la Estrategia del Day Trading Necesita

Si un operador utiliza estrategias y tácticas automatizadas, principiantes o avanzadas, se deben tener en cuenta tres componentes esenciales: liquidez, volatilidad y volumen. El Day Trading implica ganar dinero con pequeños movimientos de precios, por lo tanto, elegir el stock apropiado es muy vital.

Liquidez

Permite entrar y salir del comercio rápidamente a precios estables y atractivos.

Volatilidad

Informa al comerciante de su potencial rango de ganancias. Cuanto mayor sea la volatilidad, mayores serán las posibilidades de ganancia. Sin embargo, la alta volatilidad también aumenta las pérdidas.

Volumen

Es el indicador de la cantidad de veces que un artículo se ha comercializado dentro de un período de tiempo establecido. Para los comerciantes del día, este volumen se conoce como el volumen diario de negociación.

Los altos volúmenes indican que hay un beneficio significativo en el activo. Los aumentos en el volumen normalmente indican que un salto de precio (hacia arriba o hacia abajo) está llegando rápidamente.

Estrategias del Day Trading

Scalping

El scalping es una de las estrategias más populares de transacciones diarias en el mercado de divisas. Esta estrategia capitaliza los cambios de precios por minuto. El poder detrás del scalping es la cantidad. Los comerciantes utilizan esta estrategia para vender una vez que identifican una ganancia en el comercio. Aunque esta es una estrategia de negociación rápida y emocionante, hay muchos riesgos involucrados debido a la alta probabilidad de negociación requerida. La estrategia tiene una baja relación riesgo-recompensa; por lo tanto, el comerciante debe tener una alta probabilidad de negociación para igualar. Como tal, el operador debe estar atento a la liquidez atractiva, a los instrumentos volátiles y tener mucho tiempo para hacerlo. No se puede esperar en el mercado, y necesitan cerrar una posición perdedora lo antes posible. La estrategia de especulación es, con mucho, la estrategia más rentable que se puede aplicar cuando se domina bien, pero los riesgos adyacentes impiden que sea la mejor del mercado.

Momentum

Momentum es una estrategia comercial astuta más popular entre los comerciantes principiantes. Las acciones implican actuar sobre las fuentes de noticias y detectar movimientos sustanciales de tendencias que son compatibles con el volumen. Diariamente, debe haber al menos una acción que se moverá alrededor del 20-30 por ciento, por lo tanto, presentando amplias oportunidades. El operador simplemente mantiene su posición hasta el momento en que detecta una reversión y luego se cierra.

La otra opción consiste en atenuar la caída del precio; es decir, redondeando el precio objetivo inmediatamente el volumen comienza a disminuir. La estrategia anterior es efectiva y simple cuando se usa correctamente. Sin embargo, un comerciante debe asegurarse de que conoce las próximas noticias y anuncios sobre ganancias. Unos pocos segundos en el comercio hacen toda la diferencia para las ganancias del final del día.

Estrategia de Reversión

El comercio de inversión es utilizado por los comerciantes en todo el mundo, pero es potencialmente peligroso y muy debatido cuando lo aplican los comerciantes principiantes. La estrategia de reversión también se conoce como negociación de tendencia, negociación de reversión o tendencia a la baja.

La inversión requiere que el comerciante vaya en contra de la tendencia, por lo tanto, desafíe la lógica del comercio. Como tal, el operador debe ser muy bueno en identificar posibles retiros y también predecir su fortaleza. Para lograr esto, uno debe tener un conocimiento profundo y experiencia del mercado.

Puntos de Pivote

La estrategia de punto de pivote en el comercio diario es muy útil para detectar y actuar sobre los niveles de soporte o resistencia cruciales. Los comerciantes con límites de rango también pueden usar esta estrategia para identificar los puntos de entrada y salida. Los operadores de Breakout y Trend pueden utilizar estos puntos para ubicar los niveles que deben romper, de modo que un movimiento se pueda contar como un Breakout.

Cómo calcular un punto de pivote

En el comercio de divisas, un punto de giro se refiere al punto de rotación. Un comerciante utiliza el precio de cierre para el comercio combinado con el máximo y mínimo del día anterior para obtener el punto de pivote. Sin embargo, es importante tener en cuenta que si el presagio utiliza la información de precios basada en un período de tiempo relativamente corto para calcular los puntos, él/ella reduce la precisión.

El punto de pivote = (alto * bajo * cierre) / 3

Con el punto de pivote, uno puede calcular fácilmente los niveles de soporte y resistencia utilizando las siguientes fórmulas;

Primera resistencia = (2 * punto de pivote) - bajo

Segundo Soporte = (2 * punto de pivote) - alto

Entonces se puede calcular el segundo nivel de resistencia y soporte de la siguiente manera

Segunda resistencia = punto de pivote (p) + (primera resistencia - primer soporte)

Segundo soporte = punto de pivote - primera resistencia - primer soporte)

Aplicación del punto de pivote.

Cuando un operador está aplicando la estrategia de pivote puntiagudo en la divisa, encontrará que en la mayoría de los casos, el rango de negociación para las sesiones se realiza entre los primeros niveles de soporte y resistencia y el punto de pivote. La razón detrás de esto es que un gran número de traders prefieren jugar dentro de este rango

Los comerciantes también deben tener en cuenta que este método también se puede utilizar en índices. Por ejemplo, uno puede usarlo para crear una estrategia comercial viable de S&P.

Estrategia de Ruptura

La estrategia de ruptura se centra en los momentos en que el precio se despeja un cierto nivel en el gráfico, con volúmenes más altos. Los operadores que utilizan esta estrategia entran en posiciones largas una vez que la seguridad supera la resistencia. También pueden hacer lo contrario, que está entrando en una posición corta cuando la seguridad rompe por debajo del soporte.

Puntos de Quiebre de Entrada y Salida.

Los puntos de entrada en la estrategia de ruptura son sencillos y bastante buenos. Los precios establecidos por encima del nivel de resistencia requieren que un operador tome una posición bajista, mientras que el nivel por debajo del nivel de soporte requiere una posición alcista.

El punto de salida requiere planificación. Primero, un comerciante debe usar el desempeño reciente de las evaluaciones para identificar un precio razonable. Cuando se utiliza un patrón de gráfico, el proceso será más preciso.

Para crear un objetivo, un comerciante puede calcular los cambios de precios que se produjeron recientemente.Un objetivo razonable puede incluir uno en el que la oscilación de precios es de tres puntos en las últimas oscilaciones. Una vez que el comerciante alcanza el objetivo, puede salir del comercio y celebrar las ganancias.

Límite de Pérdidas

A menudo se dice que el comercio diario es el método más rápido para obtener ganancias en el mercado de divisas, pero en muchos casos, los asesores no le dicen a los comerciantes que es probablemente la estrategia comercial más difícil que uno puede dominar. En consecuencia, las personas que no están bien asesoradas tratan de comerciar y fracasan. En todas las estrategias, el comerciante debe asegurarse de que limita las pérdidas, especialmente si están utilizando el margen. Los requisitos para los comerciantes de día que usan el margen son generalmente más altos, y cuando uno se negocia en margen, aumenta la vulnerabilidad en caso de movimientos bruscos de precios. Recuerde que aunque el margen aumenta las posibilidades de grandes ganancias, también magnifica las pérdidas. En todas las estrategias, el comerciante debe emplear el stop loss.Por naturaleza, las estrategias de Forex son riesgosas porque uno necesita acumular ganancias en un período de tiempo muy limitado.

Capítulo 12: El mejor Sistema del Day Trading Forex

Sistema de Comercio versus Estrategias Comerciales

Un nuevo operador en el mercado de divisas puede confundirse fácilmente con los términos estrategia y sistema porque los dos términos se usan mucho sin una definición clara. Uno estaría excusado por pensar que los dos términos significan lo mismo. Uno de los mejores consejos que puede ayudar a un comerciante principiante a tener éxito en el mercado es entender la diferencia entre los dos términos. Las diferencias pueden ser realmente sutiles, pero aún así, hacen una diferencia.

La percepción común de las estrategias y los sistemas es que se refieren a un conjunto de parámetros y reglas que cubren los desencadenantes de salida, objetivos de ganancias, pérdidas de pérdidas, porcentaje de riesgo, etc. Todos estos son los conceptos básicos de escanear los mercados de oportunidades para comerciar de manera rentable y entrar y salir de ellos en el momento más apropiado. Todas, las reglas y los parámetros son lo que realmente constituye las estrategias comerciales. Un sistema de divisas luego los pone a todos a trabajar a través de un plan de rastreo. Un

114

plan de negociación es una guía clara con las reglas y los pasos que utiliza un comerciante. Un plan de negociación describe el perfil psicológico del comerciante, su calendario de negociación y otras preferencias comerciales, por ejemplo, más las entradas comerciales, la actitud hacia el comercio de noticias, la gestión de la gestión de transacciones, la gestión de cuentas, los puntos de salida del comercio, etc.

En resumen, se puede pensar en las estrategias de compraventa de divisas como los huesos de la negociación que ayudan a escanear el mercado, mientras que el sistema de negociación hace que las estrategias sean operativas de una manera racional. Los sistemas de comercio son más integrales que las estrategias porque tienen en cuenta el tipo de comerciante que uno es, por ejemplo, el comercio del día, el revendedor, el comerciante de tendencias, etc. Aunque el comercio de divisas parece ser una tarea fácil, uno debería tomarlo como un negocio en el que no pueden darse el lujo de ignorar las terminologías clave.

Scalping

En el mundo de la inversión y el comercio de divisas, el término "reventa" denota el proceso de "skimming" para obtener ganancias de minutos regulares entrando y saliendo de posiciones varias veces al día. El proceso implica el comercio de divisas sobre la base de un análisis en tiempo real. El objetivo principal del scalping es maximizar las ganancias al entrar en una posición y permanecer con ella por un período de tiempo muy corto y cerrarla con pocas ganancias. Hay muchos intercambios realizados a lo largo del día, y la mayoría de los comerciantes utilizan un sistema que se basa en una serie de señales generadas a partir del análisis técnico. Las herramientas de gráficos están formadas por múltiples señales que crean la decisión de comprar o vender cuando apuntan en una dirección similar. Un revendedor normalmente busca grandes cantidades de intercambios por pequeñas ganancias cada vez.

El scalping es muy similar al Day Trading en el que un operador abre una posición y la cierra antes de que finalice el día, sin permitir que el comercio se realice de la noche a la mañana. La principal diferencia entre el operador del Day Trading y el revendedor es que en el comercio del día, un comerciante puede mirar el comercio una o dos veces al día mientras está en el comercio. El comerciante está trabajando con múltiples operaciones en una sesión y es muy frenético.

Mientras que un operador de día tiene las opciones de negociar en los gráficos de cinco minutos y 30 minutos, un comerciante de scalping puede intercambiar un gráfico de un minuto o un gráfico de tic. En particular, un comerciante que usa el scalping intenta capturar los momentos de alta velocidad que ocurren alrededor del período en que las noticias y los datos se publican en el mercado, por ejemplo, el PIB y todo lo demás que figura en la agenda económica.

Muchos comerciantes de scalping buscan hacer unos cinco o diez pips en cada comercio en el que actúan. Para obtener buenas ganancias, repiten el proceso a lo largo del día muchas veces. Teniendo en cuenta que un paquete de lote estándar tiene un valor de alrededor de $ 10, si el comerciante obtiene cinco pips de ganancia, entonces gana $ 50 de una vez. Si el comerciante hizo tal operación diez veces al día, entonces él/ella habrá obtenido una ganancia de $ 500.

Sin embargo, todos tenemos que estar de acuerdo en que el scalping no es para todos los traders. Requiere una persona con el temperamento correcto. Un comerciante de scalping tiene que amar estar sentado frente a una computadora durante la mayor parte del día y, por mejor, queremos decir mucho tiempo. Una vez más, un comerciante de scalping debe disfrutar prestando mucha atención a los gráficos; de lo contrario, él/ella nunca podría ver las oportunidades. Uno no puede darse el lujo de perder la pelota cuando trata de atrapar un movimiento tan pequeño como 5 pips de una vez.

Un comerciante puede tener la capacidad y el temperamento adecuado para sentarse y observar los movimientos toda la noche y el día y ni siquiera sentirse cansado, pero eso no es todo lo que requiere. El comercio de scalping requiere que uno sea muy juguetón y tenga la capacidad de reaccionar incluso sin analizar cada movimiento. Usted no tiene suficiente tiempo para pensar y sobre pensar. Se trata de apretar el gatillo por impulso. Esto es muy importante para el comerciante porque necesita recortar posiciones incluso si se mueven contra la expectativa por varios pips.

A veces los comerciantes confunden la creación de mercado y el scalping. Los dos tienen muchas similitudes, pero el creador de mercado compra una posición e inmediatamente busca compensar la posición y capturar el margen de oferta y demanda. Es por la necesidad de que uno entienda la diferencia principal entre un revendedor y un creador de mercado. Un comerciante de scalping paga el precio de propagación mientras el fabricante lo gana. Esto significa que una vez que un fabricante vende en el "pedido" y, por lo tanto, compra en la oferta, gana un pip o 2 automáticamente como una ganancia para la creación de mercado.Sin embargo, el revendedor comprará en la solicitud y, en consecuencia, venderá en la oferta. Luego, esperará a que el mercado haga un movimiento lo suficientemente grande como para cubrir la oferta de compra que se acaba de pagar.

El revendedor y el creador del mercado buscan entrar y salir del mercado lo más rápido posible, pero los riesgos de un creador son más bajos que los de un revendedor. A los fabricantes les gustan los Scalpers porque realizan muchos intercambios en un día, por lo tanto, pagan más beneficios en beneficio del fabricante. Cuanto más comercia el revendedor, más gana el fabricante.

Sistema de Scalping Forex

Un sistema utilizado para el scalping puede ser manual o automático. En el sistema manual, el comerciante se sienta y busca indicadores y decide si comprar o vender. Los sistemas automatizados son software que requieren que el comerciante le informe los signos que debe buscar, interpretar y comercializar. El scalping utiliza el análisis técnico, y la naturaleza oportuna del análisis hace que los comerciantes prefieran los gráficos en tiempo real como la herramienta del comercio.

Forex Scalper

El análisis técnico se considera la estrategia más viable para el comercio de divisas debido al tamaño y la liquidez del mercado. También se puede suponer que el scalping es la estrategia más viable para el comercio minorista.Tenga en cuenta que, normalmente, se requiere que un comerciante de scalping deposite una gran cantidad de fondos en la cuenta para manejar el tamaño del apalancamiento que el comerciante debe aplicar para que las operaciones pequeñas y cortas valgan la pena.

El punto culminante del comercio de scalping involucra las operaciones similares a un rayo que ocurren en el mercado. Esta estrategia es arriesgada y de corto plazo. Las ganancias pueden ser altas, pero otras estrategias son más seguras y miran a largo plazo.

Ventaja del Scalping

La principal ventaja de la estrategia de scalping es que el comerciante no necesita esperar demasiado tiempo antes de que se cierre un comercio. El pequeño período de tiempo reduce las posibilidades de reversión que podrían dañar una posición comercial.

Esta estrategia es utilizada a menudo por los comerciantes principiantes porque requiere poco conocimiento sobre el mercado. Uno no necesita entender las teorías establecidas si él / ella está usando la estrategia de especulación.

El scalping es muy útil para los comerciantes a los que no les gusta esperar mucho tiempo para cerrar una posición. El tiempo de espera es muy poco.

Desventajas del Scalping

Muchos corredores no están de acuerdo con la estrategia de scalping e incluso con algunas plataformas comerciales que prohíben la práctica porque; mientras que en posiciones más largas se puede perder en una posición sin afectar a otras, en el scalping, una pérdida puede borrar fácilmente todas las ganancias de otras operaciones exitosas.Un buen comercio puede tener una relación riesgo/recompensa de 1: 1 o menos.

En segundo lugar, las ganancias generadas por el scalping son muy pequeñas; por lo tanto, toma mucho tiempo para que un comerciante alcance su meta financiera. Un rendimiento de 5 pips en un comercio no es suficiente para la mayoría de los operadores. Otros operadores simplifican la creencia de que el scalping es menos rentable y es mejor mantener una posición larga.

Configuración del Scalping

Para configurar el comercio de scalping, uno debe tener un acceso confiable y bueno a los creadores de mercado. La plataforma debe permitir la compra y venta rápida. Por lo general, las plataformas utilizadas para el comercio de scalping tienen un botón de compra y venta para cada par. Por lo tanto, todo lo que debe hacer el operador es presionar el botón derecho para entrar o salir de una posición. En un mercado tan altamente líquido como el forex, la ejecución de transacciones puede simplemente realizarse en nanosegundos.

Escoger un Corredor para el Scalping Comercial

Teniendo en cuenta que el comercio de divisas está activo en todo el mundo y, en gran medida, no está regulado, un operador debe tener mucho cuidado al seleccionar un corredor. Tenga en cuenta que los gobiernos están haciendo esfuerzos para identificar una forma de regular el mercado hasta cierto punto. Actualmente, es responsabilidad del comerciante investigar y conocer al intermediario y al acuerdo comercial. Un comerciante de cuero cabelludo debe saber cuál es su responsabilidad y de qué está a cargo el corredor. Por lo tanto, es muy importante entender la cantidad de margen que se requerirá y las acciones que tomará el corredor si las posiciones van en contra de las expectativas. Un operador puede encontrar que el corredor puede liquidar una cuenta automáticamente si está demasiado apalancado. Para evitar malentendidos y pérdidas, el comerciante debe hacer todas las preguntas que pueda hacer y asegurarse de que lea los detalles finos en el documento.

La Plataforma

Un corredor de scalping debe estar muy familiarizado con la plataforma que ofrece el corredor. Diferentes corredores ofrecen diferentes beneficios; por lo tanto, el operador debe al menos abrir una cuenta de práctica e interactuar con los servicios uno a uno. El scalping es muy rápido; por lo tanto, una plataforma no debe tener espacio para errores. La desventaja de tener una plataforma sin espacios de error es que una vez que se pulsa un botón, no hay vuelta atrás. Esto significa que si un comerciante pulsa un botón de compra mientras él/ella tenía la intención de presionar el botón de vender, entonces es mejor esperar que tenga suerte, de lo contrario se le garantiza una pérdida. Tales errores no se pueden permitir en la práctica comercial del scalping porque conducirán a pérdidas. Como tal, uno debe hacer mucha práctica antes de colocar dinero real en la cuenta.

Un revendedor debería querer comerciar solo con los pares más líquidos del mercado. Los pares más líquidos suelen ser los pares principales, por ejemplo, EUR / USD. Además, ciertas sesiones pueden ser más líquidas que otras dependiendo del par. Recuerde que aunque el mercado funciona las 24 horas del día, existe una diferencia en los volúmenes negociados según la hora.

Normalmente, cuando se abre el mercado de Londres, los volúmenes aumentan porque Londres es el principal centro de intercambio de divisas. Este mercado abre a las 3 AM EST. Por otro lado, el mercado de Nueva York se abre a las 8 am EST y los volúmenes que se negocian aumentan y este ciclo continúa. El mejor momento para el scalping es cuando los dos centros comerciales principales están abiertos porque la liquidez es muy alta. Los centros de Tokio y Sydney también son importantes impulsores de volumen.

Ejecuciones Garantizadas

Los scalpers deben poder ejecutar las operaciones en el momento que lo deseen, en los niveles que deseen. Como tales, los operadores deben asegurarse de que entienden los términos de negociación establecidos por el corredor porque algunos de ellos limitan sus niveles solo a aquellos momentos en que los mercados son lentos. Otros corredores podrían no ofrecer una garantía de ejecución.

El deslizamiento se refiere a las situaciones en las que un pedido se coloca en un nivel a unos pocos pips del nivel deseado. Los scalpers confían en muy poco beneficio en cada comercio; por lo tanto, no pueden permitirse resbalones como un costo por encima del margen.Como tal, el comerciante debe asegurarse de que la orden se ejecutará tan pronto como se solicite.

Scalping Seguro

En el comercio de divisas, hay una frase que dice que "un comerciante puede hacer scalping, pero con el tiempo, el mercado lo hará". El scalping es muy interesante siempre y cuando uno esté ganando, pero tan pronto como comienza a perder, la diversión se pierde. En la mayoría de los casos, los comerciantes que utilizan la estrategia del scalping consumen su capital en gran medida antes de que puedan admitir que el juicio fue un fracaso. Naturalmente, los seres humanos quieren sentirse mejor y más inteligentes que el mercado. Sin embargo, el mercado es justo eso, y todo lo que la gente puede hacer es estudiar y seguir las sugerencias. Hasta ahora no hay una estrategia perfecta para ganarle al mercado. Si un comerciante quiere hacer scalping, algunas reglas pueden protegerlo.

En primer lugar, el comerciante debe comerciar poco. Las oportunidades para el scalping normalmente son muy tentadoras para que el operador tome una gran posición para ganar dinero rápido. Ahora que es una carretera a las ruinas. Es mejor mantener las operaciones pequeñas y también crear espacio para pérdidas y salidas sin liquidar todo el capital.

En segundo lugar, un comerciante de scalping debería minimizar el riesgo mediante el uso de paradas. El scalping puede ir fácilmente contra la expectativa. Debido a su corto plazo, no utiliza una relación riesgo-recompensa en circunstancias normales. Por lo tanto, un operador debe establecer un stop loss y dejarlo solo. Si un comerciante se detiene, él/ella debe aceptar la pérdida.

En tercer lugar, cualquier persona interesada en el scalping debería aprender a comerciar. Teniendo en cuenta que el scalping no es una estrategia muy viable para el comercio; uno debería tratar de combinarlo con otros métodos. Es mejor si un comerciante no usa la estrategia por su cuenta. Si el comerciante está haciendo scalping, debe aprender a comerciar con divisas de tantas maneras como sea posible.

Desvanecimiento

De vez en cuando, los precios pueden moverse más allá de lo que un comerciante podría haber esperado. En tales casos, los precios tendrán un fuerte impulso y empuje, por lo tanto, seguirán extendiéndose a nuevas alturas. Aunque capturar estos impulsos es una excelente forma de negociar, un comerciante también puede perder el tren normal y elegir otra cosa. La gente podría intentar comerciar contra la corriente porque, eventualmente, la probabilidad de que el precio suba aún más disminuye. En consecuencia, se presenta una oportunidad de contra-impulso.

El desvanecimiento es la estrategia de inversión que contradice la lógica del comercio de divisas porque requiere que uno opere en contra de la tendencia actual. El desvanecimiento no es para los comerciantes aversos al riesgo porque tiene altos riesgos. La estrategia de desvanecimiento asume que el mercado ya ha factorizado todas las noticias e información.

En términos más simples, el desvanecimiento es una técnica para el comercio de divisas en la cual el comerciante asume que un movimiento ascendente rápido en particular va a revertirse, por lo tanto, toma una posición corta y espera lo contrario. El desvanecimiento de la ruptura se refiere a la estrategia de negociar contra la tendencia porque uno cree que las rupturas no pueden continuar en la misma dirección. En los casos en que una ruptura es muy fuerte, se ha roto el soporte y el nivel de resistencia de manera muy significativa, un operador tendría más posibilidades de ganar si desvanece la ruptura en lugar de intercambiarla.

El desvanecimiento es una muy buena estrategia para usar en las operaciones a corto plazo, pero es muy poco confiable para los operadores a más largo plazo. Cuando un comerciante aprende a intercambiar falsos desgloses, también conocidos como Fakeouts, puede evitar whipsaws. Recuerde que la técnica de desvanecimiento se aplica mejor cuando se han establecido fuertes niveles de resistencia y apoyo.

A muchos operadores de forex les gusta negociar la ruptura porque si un precio rompe los niveles de soporte y resistencia, uno esperaría que el precio continuará en la dirección de la ruptura. Recuerde, si los niveles de soporte se rompen, significa que el precio generalmente bajará más. Por lo tanto, los comerciantes son más propensos a vender en lugar de comprar. Además, si los precios rompen el nivel de resistencia, la mayoría de la gente creerá que los precios probablemente subirán más alto. Por lo tanto, compran mucho más que vender. La mayoría de los comerciantes en forex minorista tienen una mentalidad codiciosa que significa que creen en la captura del mayor pez (ganancia) y en el olvido del pequeño pez. Eso significa que estos comerciantes se centrarán en grandes movimientos para obtener enormes ganancias.

La idea de atrapar a los peces grandes exclusivamente solo podría existir en el mundo de fantasía. En el mundo real, la mayoría de los brotes fracasan, y esto se debe a que la minoría tiene que obtener ganancias de la mayoría. La verdad es que la minoría, en este caso, incluye a los jugadores de errores en el intercambio; Esas enormes cuentas con grandes pedidos de compra y venta. Para que uno pueda vender algo, debe haber un comprador dispuesto. Sin embargo, si todos quieren vender por debajo del soporte o comprar por encima de la resistencia, entonces el creador del mercado toma el otro lado del comercio. Y tenga en cuenta que el creador de mercado no es un tonto y puede causar falsificaciones. Resumiendo, podemos decir que los comerciantes minoristas prefieren intercambios comerciales, mientras que los comerciantes e instituciones experimentados por minorías inteligentes prefieren el desvanecimiento. Un comerciante inteligente se basará en el pensamiento colectivo de muchas personas y ganará por su cuenta. Como tal, el comercio con comerciantes experimentados es muy rentable.

Un buen escenario para el desvanecimiento es cuando un comerciante compra una acción después de que un mercado haya reaccionado exageradamente a una advertencia de ganancia porque cree que la ganancia está sobrestimada. Los comerciantes que utilizan la estrategia de desvanecimiento se denominan inversores contrarios. Tenga en cuenta que el comerciante contrario va en contra de todos los demás, por lo tanto, está asumiendo un riesgo adicional.

Pivotes Diarios

Los operadores de Forex utilizan muchos indicadores técnicos para analizar el mercado y tomar decisiones, pero el indicador de punto de pivote se destaca como uno de los indicadores más confiables y precisos. El indicador de pivotes diarios es simple y, sin embargo, muy efectivo, por lo que los resultados probables identificados en cualquier situación se materializan para la mayoría de los casos.

Los operadores profesionales de cambio de divisas y los fabricantes del mercado utilizan el indicador de punto de pivote para predecir la resistencia potencial y los niveles de soporte. En resumen, los puntos de pivote y sus niveles de soporte/resistencia indican áreas en las que la dirección del movimiento del precio podría cambiar. La razón principal por la que la mayoría de los comerciantes encuentran atractivos los puntos de pivote es que son objetivos. A diferencia de la mayoría de los otros indicadores, los puntos de pivote no implican discreción. Hay muchas similitudes entre los puntos de pivote y los niveles de Fibonacci. Sin embargo, los dos difieren en que Fibonacci implica cierta subjetividad cuando uno está recogiendo los máximos de oscilación y los mínimos de oscilación.

Con los puntos de pivote, el comerciante utiliza básicamente las mismas fórmulas para calcularlos. La mayoría de los comerciantes vigilan los niveles.Los puntos de pivote son muy útiles para los traders y más, por lo tanto, los traders a corto plazo que buscan aprovechar los pequeños movimientos en los precios. Similar a la resistencia normal y los niveles de soporte, los operadores de forex pueden intercambiar la ruptura o el rebote de estos niveles.

Los comerciantes con límites de rango generalmente usan los puntos de pivote para detectar los puntos de reversión. Identifican los puntos de pivote como lugares donde pueden hacer sus pedidos.

Los operadores de Forex con ruptura utilizan los puntos de pivote para detectar los niveles clave que deben romperse para que un movimiento se identifique como una verdadera ruptura. En los temas anteriores, hablamos sobre el cálculo de los puntos de pivote y la primera y segunda resistencia y soporte. Recordatorio;

El punto de pivote = (alto * bajo * cierre) / 3

Con el punto de pivote, uno puede calcular fácilmente los niveles de soporte y resistencia utilizando las siguientes fórmulas;

Primera resistencia = (2 * punto de pivote) - bajo

Primer soporte = (2 * punto de pivote) - alto

Entonces se puede calcular el segundo nivel de resistencia y soporte de la siguiente manera

Segunda resistencia = punto de pivote (p) + (primera resistencia - primer soporte)

Segundo soporte = punto de pivote - primera resistencia - primer soporte)

También hay un tercer nivel de resistencia y soporte calculado como

Tercera resistencia = Alta + 2 (punto de pivote - bajo)

Tercer soporte = Bajo - 2 (alto - punto de pivote)

Es importante tener en cuenta que la resistencia y el soporte de tercer nivel son, hasta cierto punto, demasiado esotéricos para que un operador lo use en estrategias comerciales. El análisis de puntos de pivote no se limita a los niveles primero, segundo y tercero. Un comerciante puede profundizar y rastrear el punto entre los diferentes niveles.

Puntos Clave para Puntos de Pivote

En el intercambio de divisas, cuando el precio de la moneda se cotiza en la parte inferior del punto de pivote, eso indica que el día es negativo o bajista.

Cuando la moneda se negocia en la parte superior del punto de pivote, eso indica que el día es positivo o alcista.

El indicador de punto de pivote generalmente involucra cuatro niveles adicionales: R1, S1, R2 y S2. Básicamente significa resistencia 1, soporte 1, resistencia 2 y soporte 2.

La resistencia y el soporte pueden causar reversiones, y un comerciante también puede usarlos como una confirmación de la tendencia. Por ejemplo, si un comerciante ve que el precio está bajando gradualmente y se está moviendo por debajo de S1, confirma una tendencia bajista, y esto indica una posible continuación para apoyar 2.

Lo que los Puntos de Pivote le dicen a los Comerciantes

Los puntos de pivote son indicadores intradía para operar en el mercado de divisas. Los puntos de pivote normalmente permanecen al mismo precio a lo largo del día y son muy estáticos en comparación con los osciladores y las medias móviles. Esto significa que un comerciante podrá usar los niveles al planificar un comercio por adelantado. Por ejemplo, los operadores saben que si el precio baja por debajo del punto de pivote, es probable que se vendan al inicio de la sesión. Si el precio sube por encima del punto de pivote, es probable que el comerciante compre. La primera y la segunda resistencia y soporte se pueden usar como niveles de parada y precios objetivo.

Limitaciones de los Puntos de Pivote.

Los comerciantes obtienen puntos de pivote basados en cálculos simples. La simplicidad es muy buena para algunos comerciantes, pero algunos otros pueden encontrarla bastante inútil. Nuevamente, no hay forma de garantizar que el precio se revierta, se detenga o incluso alcance los niveles que se crean en los gráficos. En otras ocasiones, el precio del activo se moverá hacia arriba y hacia abajo a través de un nivel. Es mejor si un comerciante utiliza el indicador como parte de un plan comercial más grande.

La Base de los Puntos de Pivote

Un comerciante puede calcular puntos de pivote de forma diaria, semanal, mensual o anual. En circunstancias normales, los traders a corto plazo, como los scalpers y los day traders, utilizan los puntos de pivote diarios, mientras que los traders a medio plazo, por ejemplo, los traders de swing se centran en los puntos de pivote mensuales y semanales.Los operadores a largo plazo pueden usar los puntos anuales y tal vez combinarlos con los puntos mensuales.

Los operadores deben saber que todos los puntos de pivote de mayor escala son beneficiosos para todos los comerciantes, independientemente de su decisión comercial a corto o largo plazo. Como tal, un revendedor y un comerciante diurno se beneficiarán más si él o ella sabe dónde se ubican los puntos diarios, semanales, mensuales e incluso anuales en los gráficos. Esto se debe a que el mercado se detendrá y revertirá en estos puntos.

La Línea Inferior de los Puntos de Pivote.

Los comerciantes y fabricantes del mercado han usado los puntos de pivote durante muchos años para determinar la resistencia crucial o los niveles de soporte. La razón principal por la que los puntos de pivote son tan populares en el mercado Forex es que las monedas tienden a fluctuar. Los comerciantes dentro del rango de entrada ingresan en una orden de compra cercana al nivel de soporte identificado e ingresarán en una orden de venta cuando el precio se acerque a la resistencia. Estos puntos también ayudan a los operadores de fugas y tendencias a identificar los niveles clave que deben romperse. Además, los niveles técnicos pueden ser útiles a medida que el mercado se abre.

Tener conocimiento de los lugares donde se ubican estos puntos de inflexión permite a un inversionista individual estar más en sintonía con el mercado y los movimientos de precios, por lo tanto, tomar decisiones más informadas sobre las transacciones. Con la facilidad de cálculo identificada, los puntos de pivote pueden incorporarse en muchas estrategias comerciales. Hay flexibilidad y simplicidad con los puntos de pivote, y como tal, un comerciante puede agregarlos a su caja de herramientas de comercio.

Momentum o Impulso

La mayoría de los comerciantes en el mercado de divisas tienden a sentirse confundidos, especialmente en las etapas iniciales de sus esfuerzos. Sienten y saben que pueden ganar dinero pero tienen el desafío de lograr el éxito con coherencia. Como tal, algunos comerciantes comienzan a culpar al mercado diciendo que es demasiado aleatorio y que hay agentes de engaño en el campo que hacen que los comerciantes sufran. Sin embargo, estas son solo excusas en la mayoría de los casos. Una cosa segura es que el mercado tiene patrones y no es aleatorio. Aunque un corredor puede ser menos que perfecto cuando opera, un comerciante puede generar ganancias si deja de pensar en culpar al mercado y aplica un buen enfoque a las actividades comerciales. El estilo de negociación de impulso es uno de los métodos utilizados para elegir los pares de divisas que producirán

resultados positivos.

Estrategias del Comercio de Impulso

El impulso en forex simplemente establece que uno debe comprar una moneda si el precio está subiendo y venderla cuando está bajando. En otras palabras, un operador que utiliza una estrategia de impulso está buscando capitalizar la continuación de una tendencia existente en el mercado. Algunos investigadores académicos han descubierto que aplicar el principio de impulso en las operaciones y mercados es realmente muy rentable con el tiempo y un operador obtiene una ventaja comercial ganadora.

Existe otro tipo de estrategia de impulso que se conoce como la mejor estrategia comercial. Esta estrategia compra los activos que están aumentando fuertemente y vendiendo aquellos que están disminuyendo más fuertemente que otros. Esta estrategia también funciona muy bien para los operadores y tiende a ofrecer una mayor relación riesgo/recompensa en comparación con las estrategias de impulso simple. Los comerciantes basan sus decisiones de compra o venta en la fuerza de las tendencias de precios recientes.

El impulso en el comercio de divisas es muy similar al de la física, por lo que la masa se multiplica por la velocidad para determinar la posibilidad de que el objeto continúe en la ruta actual. Sin embargo, en los mercados financieros, los determinantes del impulso incluyen el volumen de comercio y la tasa a la que los precios están cambiando. Un operador de impulso apuesta a que el precio de un activo en particular que se está moviendo en una dirección dada con mucha fuerza continuará en ese camino hasta que se pierda la fuerza de la tendencia.

El uso del comercio de impulso se remonta a la década de 1700, donde se dice que el famoso inversor y economista británico David Richard usó estrategias de impulso con éxito.

El comercio de momento se clasifica en gran medida en dos;

Estrategia de Impulso Relativo

Aquí es donde los comerciantes comparan el rendimiento de una serie de valores en una clase particular de activos.

Los operadores preferirán obtener valores de alto rendimiento y vender los más débiles.

Estrategia de Impulso Absoluto

Este es el rendimiento de una seguridad en el momento actual que se compara con el comportamiento en el pasado (series de tiempo históricas).

En el comercio de divisas, se puede utilizar un impulso absoluto o relativo. En la mayoría de los casos, el comercio de impulso está asociado con el impulso absoluto.

Empleando el Estilo de Comercio de Impulso

El comercio dentro del día, el impulso se puede evaluar en un período de tiempo de minutos o incluso horas, mientras que en el rastreo a más largo plazo, se puede determinar en períodos más largos, por ejemplo semanas o meses. Cuando se utiliza la estrategia de impulso, el paso inicial que toman los operadores consiste en identificar hacia dónde se dirige la tendencia (dirección del comercio) y en cuál se desea negociar. Los operadores pueden entonces utilizar uno de los indicadores utilizados en el análisis de impulso para buscar y establecer un punto de entrada para comprar o vender la moneda. Además, un operador querrá evaluar un buen punto de salida que sea razonable y rentable en el comercio en función de los niveles de resistencia y soporte observados y proyectados en el mercado. Además, se aconseja a los comerciantes que establezcan una orden de detención de pérdidas ya sea por encima o por debajo del punto de entrada, según la dirección del comercio. Esto ayuda a protegerse contra las posibilidades de pérdidas no deseadas y reversas inesperadas de tendencias de precios.

Indicadores de Impulso

Muchos operadores utilizan el indicador de impulso para determinar el impulso de un activo. El indicador incluye dispositivos gráficos que muestran qué tan rápido se mueven los precios de una moneda determinada en una dirección determinada. Por lo general, están en forma de osciladores y, además, indican la probabilidad de que el movimiento del precio continúe en su trayectoria.

Existen algunas herramientas de indicadores técnicos que los comerciantes utilizan para rastrear el impulso e identificar si un punto de entrada o salida en particular es viable. Incluyen promedios móviles, índice de fuerza relativa, divergencia de convergencia de promedios móviles, estocástico, índice de canales de productos básicos, volumen de balance, bloque de construcción de índice de momento estocástico e índice direccional promedio (ADX).

Hay una serie de riesgos asociados con el impulso al igual que cualquier otra estrategia comercial. En gran medida, se ha encontrado que la estrategia de impulso tiene éxito cuando los precios siguen una tendencia particular, pero en una ocasión u otra, los operadores pueden ser sorprendidos con la guardia baja si la tendencia sigue lo contrario de forma inesperada. Como tales, los operadores deben tener en cuenta que el análisis técnico usualmente se basa en tendencias de precios pasadas para hacer proyecciones sobre los movimientos de precios. También deben recordar que los precios en el mercado de divisas pueden realizar movimientos sin precedentes en cualquier momento debido a eventos; por lo tanto, los comerciantes deben tener planes de mitigación de riesgos.

Capítulo 13: Mejores Herramientas y Software

Durante siglos, los comerciantes han utilizado las herramientas de Forex para aumentar la productividad a través de un mejor rendimiento. Desde los primeros tiempos de la existencia humana, las personas han evolucionado y aprendido a usar herramientas para hacer su vida más fácil. Imagine que hace algunos años, las personas no se comunican fácilmente entre sí y actualmente, las personas se comunican entre sí tan pronto como lo deseen, independientemente del tiempo y la distancia.

Las herramientas son literalmente indispensables en la vida, especialmente en los años actuales, y este caso también se aplica para el comercio de divisas también. Los corredores se comprometen a proporcionarles a los operadores algunas de las plataformas comerciales más avanzadas para ayudarles a obtener la mejor experiencia y maximizar las ganancias. Un ejemplo de esto es Meta4, pero muchas herramientas son más potentes y otras características que mejoran la experiencia comercial. Sin herramientas de negociación, las divisas pueden ser un gran desafío tanto para los operadores nuevos como para los experimentados. Como tal, muchos comerciantes buscan

142

complementar sus habilidades de toma de decisiones a través del uso de diferentes herramientas comerciales. Las herramientas ayudan al comerciante a determinar el punto de entrada y salida más rentable.

Los corredores y los proveedores de la plataforma proporcionan herramientas de Forex de forma gratuita, o es posible que el usuario deba suscribirse a algunos. Algunas de las herramientas gratuitas que ofrece la mayoría de los sitios web que tratan con forex y noticias financieras son los calendarios económicos. Algunos servicios de comercio de señales de forex también brindan a los operadores señales comerciales que ayudan a los operadores principiantes.

Algunas plataformas comerciales populares en línea, como Meta Trader 4, ofrecen una compilación de las mejores herramientas comerciales. En particular, Meta Trader 4 ofrece una cubierta: todos los paquetes de indicadores comerciales y opciones de automatización comercial.

Las herramientas de análisis fundamentales son algunas de las herramientas populares y más útiles del comercio que un comerciante puede obtener en línea de forma gratuita. Algunas de estas herramientas incluyen el calendario de noticias económicas y el acceso a las noticias financieras. Otras herramientas de intercambio disponibles para el comerciante se pueden encontrar en diferentes plataformas y noticias de divisas.

Calendario de Noticias Economicas

El calendario de noticias económicas es una de las herramientas más esenciales y útiles del comercio utilizado por los comerciantes. La lista informa al comerciante sobre el futuro consenso del mercado y también sobre la información publicada anteriormente sobre los eventos geopolíticos relevantes y los datos económicos clave. El calendario también establece los tiempos de los discursos de los responsables de las políticas monetarias, la declaración de política del banco central y las elecciones. Los analistas fundamentales tienen un interés especial en el calendario debido a las publicaciones económicas fundamentales que afectarán la moneda de un país.Los proveedores típicos de estos calendarios incluyen corredores y sitios web de noticias.

Acceso a Noticias Financiero

Como complemento del calendario, las noticias económicas se difunden en diversas publicaciones financieras. Los medios de comunicación incluyen periódicos y medios financieros respetados, como Reuters, Market Watch, Journal y Financial Times. También hay otras publicaciones y fuentes en línea que son menos conocidas pero viables. Estas herramientas analizan las noticias económicas importantes, los eventos geopolíticos y geográficos, y otros recursos, como el oro y el petróleo, que pueden afectar el valor de las urgencias.

Calculadora PIP

Un comerciante puede tener dificultades para trabajar con diferentes monedas expresadas como pips, especialmente si no entienden el sistema de valoración de pip. En forex, un pip es la unidad comercial más pequeña para cada par de divisas. El valor del pip generalmente difiere según el par en cuestión (moneda base y moneda secundaria). Una calculadora de pip ayuda al comerciante a determinar el valor de un pip con respecto al tamaño de su posición en su moneda local.

Una calculadora de pip típica puede también mostrar el valor de un pip para un par en particular basado en un mini lote, un micro lote o un lote estándar. Para usar la calculadora, simplemente necesita ingresar los detalles de la posición que incluyen el par de divisas, el tamaño de la operación, la cantidad de dinero en la cuenta, los parámetros de tamaño de la posición y el apalancamiento. La calculadora calcula el valor del pip para cada posición en la moneda elegida. La herramienta es muy útil para que el operador realice un seguimiento del valor de una posición en la cuenta.

La Correlación de Divisas/Matriz de Correlación de Divisas

El mercado de divisas se compone de muchos pares de monedas y existen correlaciones conocidas que se pueden calcular fácilmente. Las correlaciones pueden ser positivas o negativas, y serán más pronunciadas en algunos pares de divisas que en otros. Tener una correlación negativa indica que los pares se moverán en diferentes direcciones. Una correlación positiva significa que los pares se moverán en la misma dirección. Un operador que busca diversificar normalmente optará por los pares correlacionados negativamente.

Comparación de Diferenciales en los Brokers

Muchos de los sitios de comparación de diferenciales muestran los diferenciales que cotizan los corredores generalmente en los principales pares de divisas. La mayoría de los sitios web de comparación de diferenciales permiten que un comerciante filtre el período de tiempo, la sesión o el par de divisas, por lo tanto, le da una ventaja al comerciante al seleccionar al intermediario con los diferenciales de negociación más accesibles. Una vez que el operador ha seleccionado al corredor, una herramienta de comparación de márgenes se vuelve bastante inútil porque cambiar de corredor después de una selección puede ser muy costoso.

Conversor de Zona Horaria de Forex

Los períodos en los que un comerciante elige participar en el mercado pueden marcar una gran diferencia en sus ganancias. Los principales centros de comercio de divisas en el mundo incluyen Londres, Tokio, Nueva York y Sydney, y todos ellos operan en diferentes zonas horarias. Sin embargo, hasta cierto punto, las horas de negocios de estos centros se superponen con la apertura del mercado de Sydney el lunes a las 5 pm hora de Nueva York y el cierre a las 5 pm del viernes. Una de las herramientas más útiles que puede tener un comerciante cuando opera es un gráfico que muestra las veces que los diferentes centros están operando. Esto es cierto porque un comerciante podrá identificar los momentos en que los mercados se están superponiendo, y estos suelen ser los tiempos más activos y líquidos.Recuerde que los tres ingredientes más esenciales del comercio son la volatilidad, la liquidez y la actividad.

Calculadora de Volatilidad Forex

Como se vio anteriormente, uno de los elementos más esenciales del comercio es la volatilidad del mercado. Los pares de divisas con rangos limitados son apenas las mejores monedas para el comercio. No hay dificultad para calcular la volatilidad, pero con los numerosos números de pares disponibles para el comercio en el mercado, es mejor si el operador permite que una computadora debidamente programada maneje la tarea. Normalmente, una calculadora de volatilidad de forex determinará la volatilidad de cada par en tiempo real tomando información histórica del tipo de cambio. Otro aspecto de una buena calculadora de volatilidad de divisas es que desglosa la volatilidad en diferentes marcos de tiempo, por ejemplo, semanalmente, mensualmente, trimestralmente y anualmente. Esto ayuda al operador a determinar si una opción es demasiado volátil o no.

Plataformas de Comercios de Divisas

Meta Trader 4 es la plataforma de comercio en línea más utilizada, y hasta ahora, ninguna otra plataforma lo iguala. La plataforma tiene una variedad de características que son literalmente indispensables para un operador serio.

Esta plataforma ofrece una funcionalidad de análisis técnico integral que permite a los operadores realizar un seguimiento de las monedas en tiempo real. También permite al comerciante aplicar una variedad de osciladores técnicos y otros indicadores relevantes a las monedas. La plataforma también tiene una funcionalidad que está completamente integrada para permitir que el comerciante negocie divisas directamente desde los gráficos. Una ventaja adicional de Metatrader4 es que los operadores pueden usarlo para realizar transacciones con la mayoría de los corredores de divisas en línea. Una vez más, un gran grupo de personas utiliza la plataforma; por lo tanto, si uno se encuentra con problemas cuando lo usa, él/ella puede pedir ayuda. Meta Trader 4 también es compatible con el software de asesor experto y el comercio automatizado.

Meta Trader 4 también le permite al operador agregar sus propios parámetros en los indicadores prefabricados y personalizados. Además de la bolsa de valores, MT4 permite a los operadores negociar con otras clases de activos, como productos energéticos, metales y acciones, siempre que estén respaldados por un corredor en línea. Sin lugar a dudas, MetaTrader4 es, con mucho, una de las mejores, útiles y completas herramientas de compraventa de divisas en el mercado y se puede obtener de forma gratuita desde el sitio web del desarrollador. Siempre abra una cuenta demo y practique antes de invertir con dinero real.

Mantener un Diario Comercial

Uno podría subestimar la importancia de llevar un diario que registre la historia de diferentes operaciones. Una revista precisa es una de las herramientas más esenciales que ayudan a un comerciante a determinar su próximo movimiento. Es importante hacer un seguimiento de los detalles de cada operación, por ejemplo, la hora en que se inició una operación, por qué, y si fue liquidada, cuál fue el conductor. El comerciante podrá evaluar sus hábitos comerciales a partir de esta información, aprender de los errores y mitigar los riesgos en el futuro.

Capítulo 14: Errores Más Comunes

Tomando los Beneficios Demasiado Pronto

Muchos comerciantes tienen el hábito de tomar las ganancias demasiado pronto y dejar que sus pérdidas lleguen hasta el final. Por lo general, esto se asocia con la psicología, en la que el cerebro intenta evitar una situación determinada que consideraría tan mala. Muchos operadores no pueden evitar preguntarse por qué sienten cierta tensión y desean cerrar una posición demasiado pronto cuando logran una ganancia, incluso si es evidente que las ganancias seguirán creciendo. Los psicólogos relacionan este comportamiento con la forma en que está diseñado el cerebro humano. Según las investigaciones, el cerebro se ha desarrollado a lo largo de los años para ayudarnos a sobrevivir en el mundo. Como tal, las personas tienen un cerebro más antiguo conocido como el cerebro reptil que nos ayuda a sobrevivir. Luego está el cerebro límbico que se sienta sobre el cerebro anterior y envía señales al resto del cuerpo. El viejo cerebro es muy importante porque nos obliga a luchar o huir cuando estamos en peligro. Las señales de esta sección del cerebro están integradas en todas las personas. La sección reacciona en nanosegundos y brinda a las personas todo el tipo de hormonas, emociones, pensamientos y temores que nos hacen enfrentar situaciones amenazantes. Desafortunadamente, la confusión que surge de los diferentes sentimientos lleva a los seres humanos a tomar todo tipo de decisiones irracionales.

En el caso de forex, los operadores se sentirán amenazados por cualquier información que sea negativa en la tabla, por lo tanto, tomarán las ganancias demasiado pronto para poder sobrevivir. La mente humana registra toda negatividad como una amenaza para la supervivencia. El comercio puede ser respaldado por muchos aspectos positivos, y cuando aparece algo negativo, nos asustamos y corremos (cerramos demasiado pronto) por temor a causar pérdidas. En consecuencia, muchos comerciantes no logran obtener ganancias consistentemente, por lo tanto, sienten que están perdiendo demasiado. Necesitamos entender que en el comercio, es una lucha para mantenernos mientras nuestros cuerpos nos ordenan que debemos correr. Un comerciante necesita luchar constantemente contra el sistema biológico contratado por cable.

Para evitar tomar ganancias demasiado pronto, el comerciante debe usar un capital de riesgo que pueda permitirse perder. El comerciante debe comerciar con una cantidad que pueda perder cómodamente sin afectar el estilo de vida. Una necesidad de entrenar las pérdidas cerebrales es parte del comercio de divisas. Con esa mentalidad, es más probable que un comerciante deje que el comercio se desarrolle sin saltar para cerrar el comercio con una pequeña ganancia.

Una vez más, un comerciante debe tomar solo las operaciones que él/ella identifique que tienen una alta probabilidad de éxito. Cuando uno está convencido de que la tendencia se desarrollará bien, él/ella permanecerá más tiempo en el mercado y dejará que llegue al final. Administre el riesgo para que, incluso si el comercio se dirige hacia el sur, el comerciante no se sienta eliminado.

Cambiando las Estrategias Comerciales a Menudo

Aprender a comerciar en el mercado de divisas puede ser difícil debido a las numerosas estrategias disponibles para los comerciantes. A medida que los operadores buscan formas de maximizar las ganancias y minimizar las pérdidas, tienden a cambiar entre las estrategias. A veces, lo hacen tan rápido que no aprenderán ningún aspecto significativo de ninguna estrategia. Las primeras etapas del comercio de divisas tienen ciertos aspectos técnicos, y como el comerciante busca unirse al comercio real después de practicar con una cuenta demo, se enfrenta al desafío de elegir una estrategia comercial adecuada. Las estrategias son tan únicas que las personas que practican una similar terminan con resultados diferentes. A pesar de la naturaleza universal de las estrategias, las personas interpretarán los gráficos e indicadores de manera diferente.

Con el fin de evitar cambiar la estrategia de vez en cuando, un comerciante debe:

- Identificar una estrategia que sea adecuada para el período de tiempo que seleccione. Un comerciante debe elegir una estrategia comercial que resuene mejor con su idea de rentabilidad y éxito en el comercio de divisas.
- Adherirse a una estrategia durante al menos 6 meses. La mejor manera de elegir una estrategia que se pueda mantener durante mucho tiempo es haciendo una gran cantidad de investigación inicial. Cuando uno encuentra una estrategia que es buena para sus expectativas, entonces puede tomarla. Uno tiene que darse tiempo para aprender cómo funciona la estrategia.
- Comprender que no todas las cosas en la estrategia son relevantes para el comercio. Aprende todo lo que pueda, pero no abarrote cada detalle. Hay demasiada información y memorizar todo esto resultará en un malentendido.

Overtrading

En los términos más simples, el overtrading se refiere al hábito de comerciar demasiadas veces en un período corto. Este acto es probablemente el error más rampante en el comercio de divisas. El comercio excesivo suele ir acompañado de una serie de otros problemas subyacentes diferentes. Entre los que se incluyen la desesperación por encontrar una señal, demasiada obsesión con los gráficos que exigen al operador comercializar, la necesidad de compensar cuando la plataforma no está disponible (por ejemplo, cuando el operador se ha alejado de la computadora), dando excusas para no hacerlo. seguir el plan de comercio y, finalmente, la noción de comerciar más para obtener ganancias.

Se ha observado que los mejores comerciantes de divisas tienen mucha paciencia y esto se debe a que las configuraciones de alta calidad necesitan tiempo para materializarse. Normalmente, estos comerciantes esperan pacientemente la confirmación, y no les importa si el comercio tarda unas semanas en materializarse.Lo que más le importa al comerciante es la protección de su capital; por lo tanto, esperan pacientemente la confirmación antes de ingresar a una posición.

Los comerciantes que comercian en exceso generalmente ingresan en configuraciones de baja calidad muchas veces. Este es un signo importante de impaciencia, y eso significa que el comerciante no cumple con su plan comercial. Incluso si el comerciante justifica el movimiento equivocado al decir que creía que el comercio era de alta calidad, el fracaso se debe a una planificación deficiente. Uno tiene que conocer la entrada y salida de la negociación para seleccionar las configuraciones de negociación de mejor calidad.

Hay diferentes tipos de sobrevaloración clasificados según el grado, los estilos de comercio de los comerciantes de diferencia. Los tipos incluyen overtrading técnico, overtrading discrecional, overtrading de disparador de pelo, comercio de escopeta, comercio de carro de banda, y motores y agitadores.

Para evitar el sobrevaloramiento, uno debe planificar su comercio y luego comerciar de acuerdo con el plan. Esta declaración se usa muchas veces, pero los comerciantes no entienden el punto. Un comerciante debe asegurarse de que el plan tenga eco cada vez que quiera entrar o salir de una posición.

Otra forma en que uno puede reducir el comercio excesivo es manteniendo el comercio simple. Hay una declaración que dice "mantenlo simple, estúpido".Esto no significa que el comerciante no deba esforzarse en el negocio, sino que debe centrarse más en la planificación que en el comercio antes de entrar y salir. En resumen, el comerciante debe, ejercitar la autoconciencia, tomarse un descanso y crear reglas.

Concentrándose en Demasiados Pares de Divisas

La abundancia de pares de divisas en el mercado de divisas le brinda a las operaciones numerosas oportunidades para realizar transacciones. Con más de 100 pares que involucran las monedas principales, menores y exóticas, las oportunidades comerciales parecen infinitas. Pero recuerde que gran parte de todo es venenoso, especialmente para los operadores principiantes y aquellos que luchan por comerciar. Aparte del hecho de que demasiados pares pueden ser difíciles de manejar para un operador, la mayoría de los pares tienen bajos niveles de liquidez y no son lo suficientemente volátiles para comerciar. Nuevamente, concentrarse en solo uno o dos pares probablemente causará problemas porque obtener las mejores configuraciones y mantenerlas no generará suficientes ganancias. El comerciante romperá fácilmente sus reglas comerciales solo para compensar las dos.

Hay dos líneas de pensamiento sobre el número de pares que un comerciante debe intercambiar. Uno dice que cuanto más pares, mayor es la probabilidad de obtener ganancias, mientras que otro dice que uno debe buscar uno o dos pares y especializarse en ellos. La razón detrás de tener muchos pares de tenencia es que el operador no se está muriendo con un par, mientras que la razón detrás de especializarse con uno o dos es que uno tendrá más oportunidades de éxito.

En el comercio de divisas, el número de pares con los que se debe comerciar está determinado por su situación; normalmente, un comerciante de inicio se verá forzado si él/ella va por más de 10 pares. Uno puede ser capaz de lidiar con 12 a 15 pares, pero deben estar atentos a las señales de sentirse abrumado.

Por mucho que el comerciante quiera maximizar el beneficio lo antes posible, ese no debería ser el elemento principal de la lista. Otras cosas contribuyen al éxito del comercio más que la cantidad de pares que uno ha seleccionado. Aspectos como la paciencia, seguir un buen plan y tomar nota de cómo se está desarrollando el mercado son algunas de las cosas que un comerciante debería tener en la página principal. En cualquier caso, selecciona algunos pares que no te hagan perder el foco.

Permitir que las Pérdidas Avancen

Un error que cometen los operadores consiste en dejar correr una pérdida y aumentar la pérdida de una operación. Como se mencionó anteriormente, notará que muchos operadores cierran una oferta ganadora tan pronto como obtiene una pequeña ganancia. También dejaron que un comercio perdedor continúe con la esperanza de que al final los favorecerá. Muchos operadores tienden a promediar una baja cuando se producen pérdidas con la esperanza de que la tendencia se revertirá. Permitir que las perdidas avancen se refiere al proceso de agregar a una posición mientras los precios se mueven en contra del comerciante. Esta es una práctica peligrosa porque el precio puede moverse contra el comerciante por más tiempo del esperado, causando pérdidas exponenciales. La pérdida de activos puede literalmente ejecutar una cuenta a cero si uno no ha establecido un buen plan de gestión de riesgos. Los seres humanos tienden a dejar correr las pérdidas y cierran al ganador temprano debido al cableado psicológico mencionado anteriormente. Es un instinto de supervivencia para evitar pérdidas y dolores; un comerciante esperará más para que un oficio perdedor se convierta en su favor.

Hay dos pecados principales en el comercio de divisas: tomar las ganancias demasiado pronto y dejar que se pierda el comercio. Hay varias maneras en que uno puede evitar estos pecados:

- Un plan de trading

Tenga un plan de negociación claro y analice cada transacción individual. Una estrategia comercial bien definida protegerá a un comerciante de sacar conclusiones rápidas porque sabrá cuándo comenzar y cuándo parar.

- Sea racional

Cuando una posición comienza a perder, los operadores tienden a decirse que no han perdido mientras no hayan vendido todavía. La realidad es que, mientras las pérdidas continúen, el operador está perdiendo. La pérdida es muy real, y es mejor si un comerciante la cierra temprano y elige otra posición en que se desempeñará mejor.

- Deje de mirar la posición todo el día.

Mirar la posición todo el día hará que un comerciante se sienta nervioso, especialmente debido a las muchas fluctuaciones que se producen en un día. Un comerciante a largo plazo se verá tentado a elegir otro plan si observa los movimientos demasiado tiempo.

- Deja de mirar tus ganancias y pérdidas

Concéntrese en los gráficos, coloque las órdenes de stop-loss y cuando la señal se muestre, actúe en consecuencia. En lugar de arriesgar todo, uno debe realizar una transacción y establecer una orden de stop loss de tal manera que una vez que el precio alcance el objetivo establecido, la transacción se cierre automáticamente.

No Seguir el Plan de Trading.

Los comerciantes no siguen el plan de comercio por diferentes motivos, entre ellos el miedo, el pánico, la confianza excesiva, la falta de confianza, el desvío de la atención debido a demasiadas ganancias o pérdidas, y otras opciones personales. La conclusión es que en la mayoría de los casos, los comerciantes que no siguen un plan carecerán de coherencia. Para evitar esto, uno debe determinar que un plan es bueno para ellos antes de que lo asuman. Esto requiere un análisis exhaustivo de la personalidad y el estilo que mejor se adapte a él.

Capítulo 15: Gestión de los Riesgos

Un comerciante puede tener el mejor sistema de negociación para el mercado de divisas, pero sin un buen plan de administración de riesgos, se podría perder todo en cuestión de horas. En el término más simple, la gestión de riesgos implica reunir ideas que ofrezcan una protección a la baja para los comerciantes. En el mercado de divisas, un operador puede optar por una serie de estrategias que incluyen seleccionar un tamaño de pérdida adecuado, usar órdenes de pérdida limitada, diversificar la inversión y usar herramientas de análisis para monitorear las operaciones.

Tips para la Gestión de los Riesgos

Además de las órdenes de parada y la diversificación, hay una serie de consejos que puede seguir para reducir el riesgo, entre ellos:

Haz de la Tendencia, un Compañero.

Uno puede haber decidido mantener una posición por un tiempo prolongado. Sin embargo, cada comerciante debe reconocer que no importa la posición que tome, no hay lucha contra las tendencias y movimientos del mercado.

Acomode los cambios y asegúrese de que las estrategias comerciales reflejen los nuevos aspectos, esto ayudará a uno a reducir el riesgo.

Seguir Aprendiendo

Siempre hay nueva información que sale en el mercado todos los días. A medida que el mundo cambia, también lo hace la economía y también el mercado. Un operador debe saber cómo funciona el mercado actualmente, cómo evolucionó y hacia dónde podría dirigirse.

Usar Herramientas y Programas de Software.

El uso de herramientas y programas puede ayudar a seleccionar una buena opción y evitar riesgos. Sin embargo, es importante tener en cuenta que estos sistemas están hechos por el hombre, por lo tanto, no son del todo perfectos. Es mejor utilizarlos como una herramienta de asesoramiento en lugar de una base completa de decisiones comerciales.

Utiliza un Apalancamiento Limitado

El aprovechamiento es muy atractivo porque le da a un comerciante la oportunidad de obtener mayores ganancias. Sin embargo, el apalancamiento también aumenta las posibilidades de perder capital; por lo tanto, uno debe evitar tomar apalancamiento masivo. Un movimiento incorrecto con apalancamiento y la cuenta completa se borra.

La gestión de riesgos de Forex involucra muchos aspectos que en realidad son muy fáciles de entender. La mayoría de ellos han sido cubiertos en este libro. La parte difícil es reunir suficiente autodisciplina para seguir las reglas cuando el mercado está dictando lo contrario. La conclusión es que cuando un operador limita el riesgo, él/ella puede permanecer en el juego por más tiempo y continuar invirtiendo incluso en condiciones adversas.

Conclusión

Gracias por llegar al final de " FOREX TRADING 2019: Guía para Principiantes con las Mejores Estrategias, Herramientas, Tácticas y Psicología del Day Trading y Swing Trading. Obtén Beneficios a Corto Plazo con el Mercado de Divisas.".Esperemos que haya sido informativo y que haya proporcionado todas las herramientas que necesita para comenzar a operar en forex. También esperamos que las herramientas lo ayuden a alcanzar sus metas, independientemente de cuáles sean. El hecho de que haya terminado el libro no significa que no haya nada más que aprender sobre el comercio de divisas. La única forma de encontrar la habilidad de dominio que buscabamod es expandiendo sus horizontes.

El siguiente paso es hacer lo que sea necesario para asegurar su éxito en el comercio. Con el comercio de divisas, no puede dejar de leer y recopilar nueva información todos los días; por lo tanto, debe continuar usando el libro como referencia y también verifique otras fuentes educativas Descubrirá que todavía necesita ayuda para elegir nuevos oficios, estilos, estrategias e indicadores, entre otros, a pesar de que ya está adquiriendo experiencia. Como tal, lo más probable es que obtenga mejores resultados al llevar registros y publicaciones sobre lo que aprendió.

Los estudios demuestran que la consistencia ayuda a descomponer tareas complejas como el comercio. Por lo tanto, cumplirás tus objetivos con planes y horarios claros. Incluso si parece difícil, establece tus propios objetivos y persíguelos; Al final, te alegrarás de haberlo hecho. Tenga en cuenta los planes de administración de riesgos para los que cuidan su cuenta. Practique mucho con las cuentas de demostración antes de aventurarse en el mundo real del comercio.

Ya que ha completado su preparación inicial, es importante comprender que es solo una preparación, una parte del panorama general. Su mayor probabilidad de éxito en general provendrá de tomarse el tiempo para analizar y aprender tantas habilidades esenciales como sea posible. Estar bien preparado y bien equipado definitivamente lo catapultará a un mayor éxito. También le permitirá comerciar bien, sabiendo que se han preparado para todo lo que el mercado les ofrece.

Finalmente, si encuentra el libro útil de alguna manera, una revisión en Amazon será muy apreciada.

Lightning Source UK Ltd.
Milton Keynes UK
UKHW021101081121
393605UK00013B/807